빼앗긴 우리 지명으로 보는 역사

인사동이
일본이 지은
이름이라고?

빼앗긴 우리 지명으로 보는 역사

인사동이
일본이 지은 이름이라고?

초판 1쇄 발행 | 2025년 9월 25일

글쓴이 | 조지욱
그린이 | 박지연

펴낸이 | 조미현
책임편집 | 황정원
디자인 | 이하나
마케팅 | 임혁
제작 | 이현

펴낸곳 | (주)현암사
등록 | 1951년 12월 24일 · 제10-126호
주소 | 04029 서울시 마포구 동교로12안길 35
전화 | 02-365-5051 · 팩스 | 02-313-2729
전자우편 | child@hyeonamsa.com
홈페이지 | www.hyeonamsa.com
블로그 | blog.naver.com/hyeonamsa
인스타그램 | instagram.com/hyeonam_junior

ⓒ 조지욱, 박지연 2025

ISBN 978-89-323-7658-5 73900

- 이 책은 저작권법에 따라 보호를 받는 저작물이므로 저작권자와 출판사의 허락 없이
  이 책의 내용을 복제하거나 다른 용도로 쓸 수 없습니다.
- 책값은 뒤표지에 있습니다. 잘못된 책은 바꾸어 드립니다.
- 현암주니어는 (주)현암사의 아동 브랜드입니다.

* 이 책에 실린 자유 이용 저작물 외 출처는 다음과 같습니다.
  – 위키미디어: 24쪽 북한산 ⓒ Han Dong Cheol, 37쪽 인천국제공항 ⓒ Simply Aviation, 43쪽 남이 장군 묘 ⓒ Jocelyndurrey, 72쪽 홍주 읍성 ⓒ 코리아넷, 84쪽 구 조선은행 ⓒ Lawinc82, 99쪽 콜카타역 ⓒ Apurba Biswas, 111쪽 캘커타 학교 ⓒ Sukanta Pal
  – 그 외: 55쪽 청계천 ⓒ 국립춘천박물관, 69쪽 초량 왜관 ⓒ 국립중앙박물관, 88쪽 군산항 쌀가마니 ⓒ 독립기념관

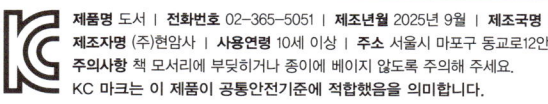

빼앗긴 우리 지명으로 보는 역사

인사동이 일본이 지은 이름이라고?

조지욱 글 · 박지연 그림

현암주니어

들어가는 말 · 6

1장 지명에 담긴 역사

창경궁 옆 마을이 동물원 옆 마을로 바뀌었어요 · 10
왜 일본이 우리 땅 이름을 빼앗은 거예요? · 14
일본에 빼앗긴 우리 땅의 이름이 이렇게나 많다고요? · 19
산 이름도, 도시명도 일본 입맛대로 바꿨다고요? · 24
지명이 왜 중요해요? · 36
지명은 어떻게 결정되나요? · 40
순우리말 지명이 얼마나 있나요? · 45

2장 일제에 빼앗긴 수도권 지명들

'종의 거리'가 '술잔의 거리'로 바뀌었어요 · 50
서울에 도깨비불 마을이 있었다고요? · 54
경기도 분당이 본래 중국인 마을이었다니요? · 57
경기도 안성에 무서운 지명이 생겨났어요 · 60
인천 '송도', 일본 명승지 지명? 일본 군함 이름? · 62

3장
일제에 빼앗긴 지방의 지명들

경상북도 '왜관'이 아니라 '칠곡'이에요 • 68

충청남도 '홍성'은 본래 '홍주'였어요 • 71

경상남도 밀양시의 '삼랑진'은 본래 '하동'이었어요 • 76

충청북도 '아홉 개의 바위' 마을은 본래 '거북 바위' 마을이에요 • 80

전라북도 군산 지명에 담긴 일제의 야심 • 84

강원도 강릉의 '안목' 해변은 본래 '앞목'이었어요 • 90

4장
다른 시대, 다른 나라 사라진 지명들

신라 시대에 사라진 백제어 지명 • 94

조선 시대에 바뀐 지명 '인천' • 96

지명에 담긴 영국의 흔적을 지우는 인도 • 98

대통령 이름으로 불린 북미에서 가장 높은 산, 디날리 • 101

우크라이나의 '키예프'는 본래 '키이우'였어요 • 104

빼앗긴 우리 지명 중 되찾은 지명이 있나요? • 107

지명을 되찾기 위해 어떤 노력이 필요할까요? • 111

🌀 들어가는 말

    나는 어릴 때 방학이면 시골 할머니 집에 가기를 좋아했어요. 할머니는 따뜻한 품성을 지닌 분이셨어요. 할머니가 사시는 마을의 사람들은 할머니를 '밤실떡'이라고 불렀고, 마을 사람들끼리도 서로를 '방개떡, 남춘떡, 토물떡' 등 '떡'이라고 불렀어요. 그게 좀 우스웠지만, 시골에서는 서로를 저렇게 부르나 보다 생각했고, 나는 할머니를 '찹쌀떡, 개떡' 등으로 부르며 놀리곤 했어요.

    그러던 어느 날, 내가 초등학교 2학년 때였던 것 같아요. 삼촌이 장가를 갔어요. 삼촌의 부인이 될 사람은 서울 사람이었어요. 당시는 지금보다는 시골에 인구가 많을 때였지만, 그래도 서울 사람이 농촌 총각에게 시집가는 일은 드물었어요. 그해 방학 때도 나는 할머니 집에 갔는데, 마을 사람들은 숙모를 '서울떡'이라고 불렀고, 삼촌을 '서울 양반'이라고 불렀어요. 그때 비로소 '밤실떡'의 의미를 짐작했어요. 할머니 고향이 '밤실'이라는 곳인가 보다 하고요. 그리고 나중에서야 '떡'은 '댁'의 사투리라는 걸 알았지요.

'지명'은 땅의 이름, 마을 이름, 길의 이름을 말해요. 때로는 지명이 '밤실댁'처럼 사람을 부르는 인명이 되기도 해요. 그러니 지명은 땅과 마을의 정체성이면서, 그 땅에 사는 사람들의 정체성인 거예요. 그런 지명이 사라진다는 것은, 그것도 식민의 역사와 얼룩져 빼앗기고 사라진다는 것은 그 시대를 살았던 사람들에게 깊은 상처가 되었을 거예요. 우리가 사는 풍요로운 오늘은 그 상처의 흔적 위에서 만들어지고 있어요.

 내가 사는 곳의 지명을 이해한다는 것은 내가 누구인지를 이해하는 중요한 숙제이기도 해요. 그 숙제를 하는 첫걸음이 지명의 유래와 의미를 이해하는 것이라고 생각해요. 이 책이 그 첫걸음에 작은 디딤돌이 되기를 바라요.

 이 책이 나오기까지 긴 시간 고생해 주신 편집장님과 현암사에 감사드립니다.

조지욱

'쎄쎄쎄, 묵찌빠, 육교, 망년회, 땡땡이'. 이런 말들은 일본에서 온 말들이에요. 하지만 일제 강점기를 거치며 우리말 사이에 묻혀서 지금도 쓰이고 있어요.

일제 강점기에 일제는 우리말뿐 아니라 우리나라 사람들의 이름, 자연과 마을의 이름인 지명을 마음대로 바꾸었어요. 일본은 왜 그런 일을 벌였고, 왜 우리는 아직도 그 이름을 변함없이 쓰고 있을까요?

🐍 창경궁 옆 마을이 동물원 옆 마을로 바뀌었어요

일제 강점기인 1907년에 조선 시대 5대 궁궐 중 하나인 창경궁은 일제의 손에 훼손돼 동물원과 식물원으로 탈바꿈되는 치욕스러운 역사를 겪었어요. 그러면서 이름도 '창경궁'에서 '창경원'으로 낮춰 불렸죠.

창경궁은 조선 제9대 임금인 성종(1457~1494)이 1483년 창덕궁 동쪽에 지은 궁궐이에요. 원래는 이곳에 작은 별궁인 수정궁이 있었어요. 성종이 세 명의 대비를 위해 수정궁을 확장해 지은 것이 창경궁이에요.

하지만 일제 강점기가 되면서 일제는 조선 왕실의 권위를 훼손하고, 조선 민족의 맥을 끊을 목적으로 창경궁을 동물원, 식물원으로 만들었어요.

창경궁 공사는 대표적인 친일파, 이완용이 일제 정부의 지원을 받아 지휘했어요. 전각의 문이나 기와 등은 해체한 뒤 문화

• 창경궁 안 창경원 식물원

재는 경매를 통해 팔았고, 훼손된 궁에는 일본의 상징인 벚나무를 마구 심었어요.

　이를 보다 못한 순종이 공사를 중단하라고 요청했지만 소용이 없었어요.

　그리고 창경궁의 이름을 '창경원'으로 마음대로 바꾸었어요. '창경원昌慶苑'의 '원'은 울타리를 쳐 놓고 짐승을 기르는 임야, 동산을 뜻하는 '나라동산 원苑'이라는 한자예요.

　서울 종로구에 위치한 창경궁 옆에는 '원남동苑南洞, 원서동苑西

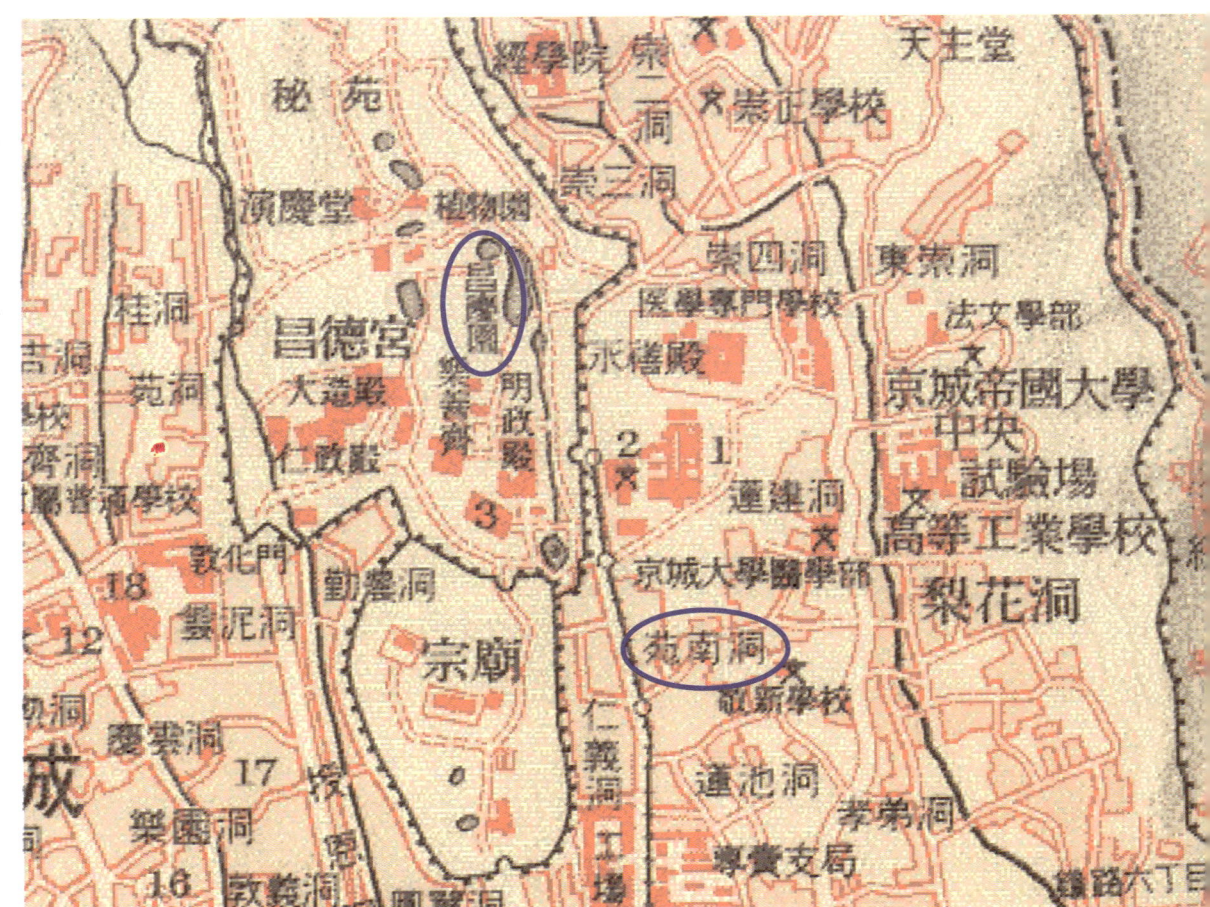

• 1937년, 일제가 만든 지도에 표시된 창경원(위), 원남동(아래)

洞'으로 불리는 지명이 있어요. 창경원을 중심으로 원남동은 남쪽, 원서동은 서쪽에 있는 마을이라는 뜻으로, 일제 강점기에 바뀐 이름이에요. 본래 원남동은 '순라동'과 '연화동', 원서동은 '양덕동'이라는 이름을 가지고 있었어요.

조선 시대에 도성에서는 도둑이나 화재를 막기 위해 군졸들이 늦은 밤에 순찰을 했는데, 이를 '순라'라고 불렀어요. 그래서 사람들은 종묘 담장을 따라 순라군이 순찰하는 길을 '순라길'이라 불렀죠. 순라길 중 원남동 인근인 종묘의 동쪽 길을 '동순라길'이라고 불렀어요. '동순라길'은 원남동의 또 다른 지명이기도 했어요.

원남동 일대에는 옛날부터 여러 마을이 있었어요. 단 우물이 있다고 해 '단 우물골' 또는 '감정동甘井洞'이라 불리는 마을이 있었고, 중국의 명나라가 청나라에 의해 망하자, 조선으로 망명한 사람들이 살았다는 '신민동新民洞(새로운 국민이라는 뜻)'이 있었어요. 또한 잣나무가 많아 '잣배기 고개', 마을 모양이 호리병 같다는 '소용동所用洞', 종묘를 순찰하는 순라청이 있어서 붙여진 이름인 '순라동' 등이 있었어요. 하지만 이 지명들은 지금은 대부분 사라졌어요.

1983년에 창경궁 복원 사업이 시작되면서 창경원의 동물과 식물 들은 과천 서울대공원으로 옮겨졌어요. 그리고 창경원은 다시 '창경궁'으로 옛 이름을 되찾았죠. 하지만 원남동과 원서동은 그 지명을 지금도 사용하고 있어요.

왜 일본이 우리 땅 이름을 빼앗은 거예요?

　1910년에 우리나라는 일본의 식민지가 됐어요. 당시는 일본뿐 아니라 영국, 프랑스, 미국 등 강대국들이 군사력을 앞세워 아시아, 아프리카, 남아메리카 등에 있는 다른 나라들을 강제로 침탈하고 식민지로 삼았어요. 일본은 그중에서도 가장 악랄하게 식민지 국민을 괴롭혔어요.

일본은 식민지 시대 초기부터 일본의 앞잡이 노릇을 하는 언론사를 제외하고는 우리나라의 신문 대부분을 강제로 폐간했어요. 그리고 우리의 민족정신을 강조하는 종교 단체를 탄압하고, 신사 참배를 강요했어요. 신사는 일본의 민간 종교 사원이에요. 일본은 우리나라 곳곳에 신사를 세우고, 우리 국민들에게 기도나 인사를 드리는 참배를 강요했어요. 이를 거부하면 잡아갔어요.

또한 조선을 침략한 것과 식민 정책이 조선을 위한 것이라는 거짓 역사관을 심으려 했어요. 그러면서 우리의 언어인 조선말을 쓰지 못하게 하고, 우리말 교육을 폐지했어요.

더불어 우리나라 사람의 이름을 나카무라, 다나카처럼 일본식으로 바꾸게 하고, 우리 땅의 이름도 일본식으로 바꾸었어요. 지명을 바꾸는 것 또한 우리 민족을 하나로 잇는 민족정신을 없애고, 자신들의 편리대로 식민 통치를 하려는 방법이었던 거예요.

• 일본 왕을 뜻하는 우리 땅 이름이 있다니요?

일부에서는 일제가 특히 '왕王, 임금 왕' 자가 들어간 지명들을 많이 바꾸었다고 주장해요.

우리 땅 이름에 쓰인 '왕' 자라면 당연히 우리 민족과 관련된 의미를 떠올릴 거예요. 그런데 이 '王임금 왕'을 일제가 '旺성할 왕'으로 바꾼 지명들이 있다는 거죠. 그리고 이 '旺왕'은 일본이 조선의 왕을 누른다거나, '일본日의 왕王'이라는 의미로 읽힐 수도 있고요.

만약 친구끼리 장난치다가 "너 죽는다."라고 말하면 농담인 줄 알지만, 강도가 칼을 들고 "너 죽는다."라고 하면 소름이 돋을 거예요. 이처럼 같은 말도 상황에 따라 다르게 들리기 마련이에요.

그래서 일제 강점기에 인왕산仁王山의 지명도 '인왕산仁旺山'으로 교묘하게 바뀌었다고 말해요. 본래 인왕仁王은 불교에서 불법을 지키는 수호신으로 알려진 '금강역사'를 뜻하지요.

이러한 주장에 힘입어, 강원도 평창군에 있는 발왕산의 경우, '발왕산發旺山'으로 쓰이다가, 일제 강점기 때 변경된 이름을 되찾고자 지금은 '발왕산發王山'으로 글자를 고쳤어요. 옛날에 발왕산은 도력이 높은 스님이 이 산에 팔왕八王의 묏자리가 있다고 해 '팔왕산'으로 불렸어요.

평창군의 가리왕산과 주왕산의 '왕' 자도 마찬가지로 일제 강점기에 '왕旺'으로 왜곡됐다고 여겨, 지금은 '왕王'으로 바로잡았어요.

하지만 다른 한쪽에서는 이렇게 주장해요. '인왕산仁旺山'이라는 표기가 조선 시대에 펴낸 『영조실록』, 『승정원일기』에도 등장한다고요.

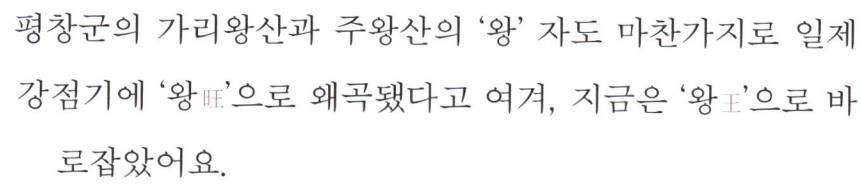

『영조실록』에 나오는 '왕日'의 '日날 일' 자는 '일본'보다는 '해'를 의미했을 거예요. 그때는 일제 강점기가 아니었으니까요. 그러니 일본의 왕과 관계가 있거나 왜곡된 표현이 아니라고요. 일본의 음모라는 말은 과하다고요.

역사를 보면, 우리 조상들은 같은 지명을 다르게 부른 적이 많았어요. 금강산도 겨울에는 '개골산'으로 불렸어요. 그렇지만 '금강산'이 공식 문서나 행사에 쓰이는 지명이기 때문에 '개골산'은 사람들 기억에서 지워지고 있어요.

두 가지 주장 중 어느 쪽이 맞는지는 아직 확실한 결론이 지어지지 않았어요. 다른 역사 기록들과 달리, 지명에 대한 기록은 전해지는 것이 많지 않아요. 그렇다 보니 주장을 뒷받침할 확실한 증거가 부족하기 때문이에요. 하루빨리 더 많은 증거들이 발견되고, 조사가 이루어지면 좋겠어요.

일본에 빼앗긴 우리 땅의 이름이 이렇게나 많다고요?

 일제 강점기에 일본은 우리나라 토지를 강제로 빼앗으려는 목적으로 조선 총독부를 통해 우리나라의 산, 강, 평야 등을 그린 지형도를 제작했어요. 그리고 민족의 문화와 정기를 말살하기 위해 자연과 지역의 이름을 많이 바꾸었어요.
 조선 총독부는 일제가 식민지인 우리나라를 통치하기 위해 만든 기관이에요.

• 조선 총독부에서 만든 경성(서울) 시가도

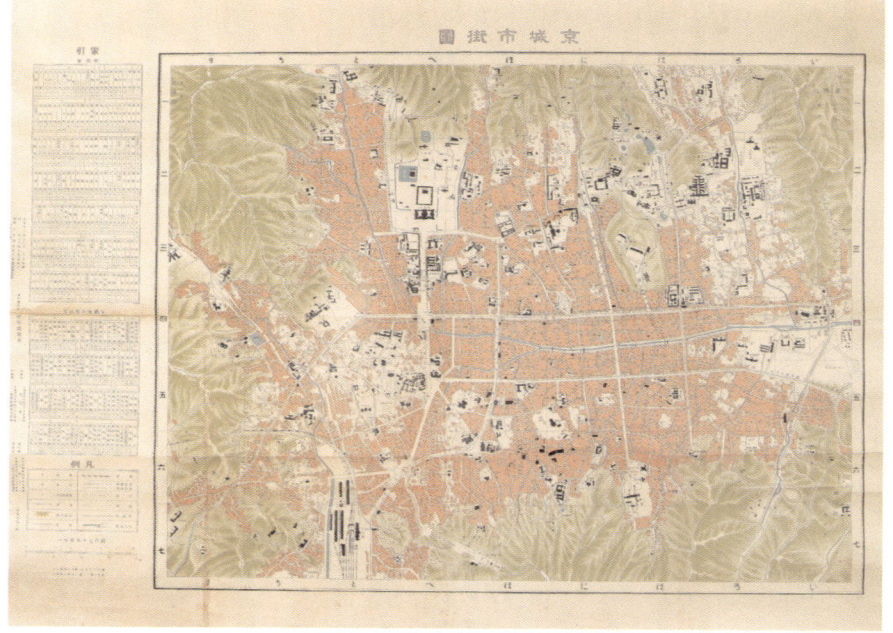

• 경복궁 근정전 앞 건물을 헐고 들어선 조선 총독부

국토지리정보원에 따르면, 일제가 교묘하게 한자를 바꿔 의미를 깎아내리거나, 뜻을 왜곡해 강제로 바꾼 자연 지명이 전국에 714곳에 달한다고 해요.

또한 일제는 식민 통치를 효율적으로 하기 위해 행정 구역을 개편하면서 우리나라 지명을 변경했어요. 전국을 12부(지금의 '시'에 해당해요.)로 나누고, 전국 330여 개 군을 220여 개 군으로 통합했어요. 이 과정에서 군 97개, 면 1,834개, 리와 동 34,233개 지명을 지도에서 지우거나 다른 지명으로 바꾸었어요. 수십 년에서 수백 년 동안 뿌리를 내리고 있던 우리 땅의 지명이 이렇게 어처구니없이 지도와 역사에서 사라진 거죠.

• 일제 마음대로 이름을 바꾼 산, 산, 산

이화령은 충북 괴산군과 경북 문경시 사이에 있는 고개예요. 원래는 여럿이 함께 어울려 넘어갔다는 의미로 추정되는 순우리말인 '이유릿재, 이우릿재' 등으로 불렸어요. 조선 시대에 편찬된 『고려사지리지』에는 '이화현伊火峴'으로 나타나요. 일제가 길을 확장하면서 '이화령梨花嶺'으로 지명을 바꿨어요.

충청북도 영동에 있는 민주지산의 원래 지명은 '백운산'이에요. 산세가 민두름하다('밋밋하다'의 방언)는 의미로 '민두름산'이라 불렸는데, 일제 강점기에 한자로 표기하면서 '민주지산'으로 변경됐다고 해요.

충북 제천에 있는 작성산의 원래 이름은 '까치성산'이에요. 까치성산에는 이런 전설이 있어요.
옛날에 이 산에 왕궁이 있었어요. 어느 날 왕이 신하들에게 동쪽 바위를 가리키며 "저 위에 까치가 앉으면 활을 쏘아 죽이거라." 하고 말했어요.
며칠 후, 신하들은 바위에 앉은 까치를 보고 쏘아 죽였어요. 그러곤 가까이 가 보니, 그 까치가 바로 일본 왕이었다고 해요.

이 까치성산도 일제가 지형도를 만들 때 한자를 '까치 작鵲' 자로 표기하면서 '작성산'으로 불리게 되었어요.

우리 땅에는 일제에 의해 사라진 지명이 많아요. 일제에 의해 새로 바뀐 지명을 보면, 우리 민족의 자존심을 짓밟거나 민족정기를 헤치려는 목적이 드러나는 것이 많아요.

대전에서 사라진 지명인 '봉황산'의 '봉황'은 우리가 신성하게 여기는 상상 속 동물이에요. 그런데 일제가 이를 가축인 닭으로 낮춰 '닭 계鷄' 자를 써서 '계족산'으로 고쳤다고 해요.

그런데 봉황산의 경우, 또 다른 주장도 있어요. '계족산'이라는 지명이 조선 시대 지리지인『세종실록지리지』,『동국여지지』등에 등장하고, 고려 시대부터 사용했다는 거죠. 또한 계족산 정상

에 있는 정자, 봉황정에 대해 기록한 문서에 "이 산의 옛 이름은 봉황산으로, 한 현인이 그 귀함을 감추고자 불교에 등장하는 계족鷄足(나란한 세 봉우리가 닭발 같아 지어진 이름)산으로 고쳐 불렀다."라는 전설도 있고요. 그래서 봉황을 닭으로 낮춰서 '계족산'이라고 했다는 이야기는 낭설이라는 주장도 있어요.

백두산에서 가장 높은 봉우리인 백두봉도 일제가 '대정봉'으로 바꿨어요. '대정大正'은 일본 천황의 연호예요. '연호'는 왕이 즉위한 해에 붙이는 이름이에요. 이는 우리 민족의 기상을 꺾기 위한 의도인 거죠.

일본은 우리 민족을 하나로 잇는 백두 대간에 있는 여러 지명들도 마음대로 바꾸었어요. 백두 대간은 백두산에서 지리산까지 물을 건너지 않고 갈 수 있는 우리 땅의 척추와도 같은 산줄기예요. 그래서 우리 민족은 백두 대간을 통해 하나의 민족이라고 생각해요.

그런데 백두 대간을 여러 개의 산맥으로 나누어 마치 끊어져 있는 것처럼 보이게 했어요. 우리가 알고 있는 태백산맥, 소백산맥, 낭림산맥, 마천령산맥이 바로 하나의 백두 대간을 끊어서 여러 개의 산맥으로 표현한 거예요.

산 이름도, 도시명도 일본 입맛대로 바꿨다고요?

　북한산은 매년 약 5백만 명의 탐방객이 찾는 산이에요. 도시 속에 자리한 세계적으로 보기 드문 국립 공원이죠.
　북한산은 서울과 경기도 고양시에 걸쳐 있는 거대한 화강암 덩어리예요. 이렇게 큰 화강암 덩어리로 이루어진 산은 세계적으로도 드물어요. 화강암은 지하 깊숙한 곳에 있던 마그마 덩어리가 서서히 식으면서 굳어진 암석이에요. 오랜 시간이 흐르면서 화강암을 덮고 있던 땅이 비와 바람, 강물 등에 깎여 사라지

• 북한산의 세 봉우리, 백운대와 인수봉, 만경대

면서, 지하 깊이 있던 화강암 덩어리가 땅 위로 올라와 산이 된 거죠.

북한산에는 약 40개의 봉우리가 있어요. 그중에서도 크게 우뚝 솟은 세 개의 봉우리, 백운대와 인수봉, 만경대가 가장 유명해요.

• '북한산'은 일제가 붙인 지명일까?

북한산이 문헌상 처음 등장하는 시기는 삼국 시대예요.

1145년 고려 때 김부식이 펴낸 역사책인 『삼국사기』를 보면, 북한산과 관련한 다음과 같은 기록이 있어요.

"고구려를 세운 주몽의 아들 온조가 신하와 그를 따르는 백성들을 이끌고 남쪽으로 이동하여 한산漢山에 이르러 부아악負兒嶽에 올라가 살 만한 곳을 바라보았다."

부아악은 북한산 인수봉을 말해요. 인수봉의 모습이 마치 어머니가 어린아이를 업고 있는 것처럼 보여서 붙여진 이름이에요.

또한 백제 개로왕(?~475)이 북한산성을 쌓았다거나, 신라 진흥왕(534~576)이 한강 유역을 정복하고 이곳을 '북한산주'라고 했다는 기록도 남아 있어요.

북한산은 백운대, 인수봉, 만경대, 이 세 봉우리의 모양이 마치 삼각뿔 같아 '삼각산'이라는 이름으로 더 많이 불렸어요. 하지만 1900년대 초 일제 강점기에 일본이 우리나라 토지를 정리하면서 '북한산'이라고 기록했고, 1983년에 북한산 국립 공원으로 지정되면서 '북한산'이 공식 명칭이 되었어요.

'북한산'이 무슨 뜻이냐고요?
'북한산'의 '북한'은 한국의 북쪽이라는 의미의 '북한北韓'이 아니에요. '한산'은 큰 산을 뜻하는 우리말을 한자로 옮긴 거예요. 그러니까 북한산은 '한강漢江 북쪽의 큰 산'이란 뜻이죠. 그래서 한산 아래의 도시를 '한양', 한양에 흐르는 강을 '한강', 도성을 '한성'으로 불렀어요.

일제는 북한산 주변 마을의 이름도 바꾸었어요. 1914년에 경기도 고양군의 일부와 경성부(일제 강점기 서울의 명칭) 일부를 신도면으로 통합시키면서 '신도면 북한리'라는 지명을 만들었어요. '북한리'는 일제 강점기 전에는 없던 지명이에요. 북한리는 지금은 '북한동'으로 불리고 있어요.

그럼 북한산의 옛 지명은 무엇일까요?

사람들에게 잘 알려진 북한산의 옛 지명은 '삼각산'이에요. 고려 성종(960~997) 무렵부터 1900년대 초까지 약 천 년간 '삼각산'으로 불렸어요.

　북한산은 '삼봉'으로도 불렸어요. 조선을 세운 개국 공신, 정도전이 유배에서 풀려난 후, 삼각산 자락에 초가집을 짓고 제자들에게 학문을 가르쳤어요. 이때 정도전은 자신의 호를 삼각산 세 봉우리에서 따와 '삼봉'이라 했어요. '호'는 원래 이름 이외에 허물없이 편히 부를 수 있도록 지은 또 다른 이름을 말해요.

　또한 북한산은 '화산'이라고도 불렸어요. 높이 솟은 봉우리들이 마치 연꽃 같다고 해서 붙여진 지명이에요.

북한산은 일제 강점기에 의병들과 독립군들이 일제에 맞서 싸운 곳이기도 해요. 일제는 독립군들이 북한산을 중심으로 활동할까 봐 염려되었어요. 그래서 이들을 잡는다는 명목으로 독립군이 숨었을지 모른다며 북한산에 있는 사찰 대부분을 불태웠다고 해요.

• '인사동'이 일본이 지은 이름이라고요?

　일본은 일제 강점기에 행정 구역을 개편하면서 마을과 도시

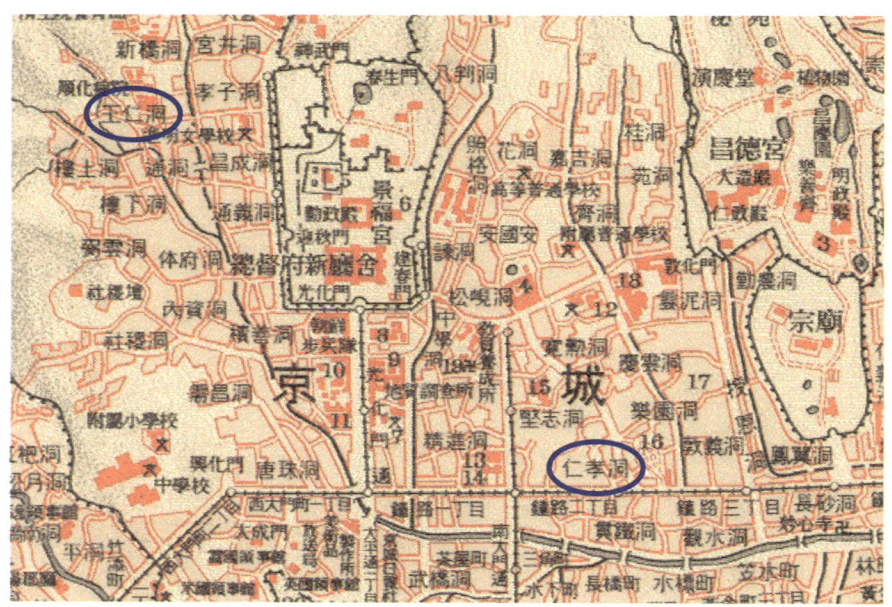

• 1937년 일제가 만든 지도에 표시된 옥인동(위), 인사동(아래)

이름도 바꾸었어요. 전통문화의 거리, 인사동을 바로 그 예로 들 수 있어요.

　인사동은 현재 서울 지하철 1호선 종각역과 종로3가역 사이에 위치해요. 1988년에 전통문화의 거리로 지정된 인사동은 우리나라 사람들뿐 아니라 외국인들에게도 인기가 많은 곳이에요. 이곳은 본래 조선 시대에 '관인방'이라는 큰 행정 구역에 속했고, 큰 절이 있어서 '대사大寺동'으로 불렸어요. 그런데 일제가 '관인방'과 '대사동', 두 지명에서 한 글자씩을 떼어 내서

'인사동'으로 이름을 바꾼 거죠. 정말 무성의하고 무례하죠?

이런 경우는 더 있어요.

경복궁 근처인 옥인동은 한옥과 맛있는 전통 음식을 파는 식당이 많은 곳이에요. '옥인동'이라는 지명도 일제가 본래 이름인 '옥동(옥류동)'의 '옥' 자와 '인왕동'의 '인'을 합쳐 만든 지명이에요.

이렇게 두 지명을 합쳐서 만든 합성 지명과 새로 생겨난 지명을 합치면, 강제로 바뀐 지명이 11,000여 개에 달한다고 해요.

• 일본인 이름으로 우리 땅 이름을 지었다고요?

두 지명을 합성해 만든 것보다 더 무례한 지명이 있어요. 바로 일본인들이 좋아하는 것을 우리 땅 이름으로 바꾼 거예요.

전주시에는 '동산동'이란 지명이 있었어요. '동산東山'은 전범(전쟁 범죄) 기업인 미쓰비시 창업자의 호로, 동산농사 주식회사의 전주 지점이 있었던 곳이라고 해서 붙여진 지명이에요.

다행히 전주시에서는 2019년에 삼일 운동과 임시 정부 수립 백 주년을 맞으면서 일제의 잔재를 청산하고자 '동산동'을 '여의동'으로 바꿨어요. 그러기 전까지 '동산동'이란 지명은 백 년이 넘도록 우리 땅에 뿌리 깊이 박혀 있었어요.

'여의如意동'은 원하는 대로 뜻을 이뤄 준다는 의미와 용이 여의주를 물고 하늘로 오른다는 의미를 담고 있어요. 그 일대에 '덕룡, 구룡, 발용' 등 용과 관련된 마을 이름이 많은 것과 관련해 지은 지명이라고 해요.

서울에 있는 충정로는 일제 강점기에 '다케조에초竹添町(죽첨정)'라고 불렸어요. 충정로는 서울 서대문구 아현삼거리에서 서대문역까지의 길이에요. 다케조에초는 갑신정변(1884년에 급진 개화파가 근대 국가를 건설하고자 일으킨 정변) 당시 일본 공사였던 다케조에 신이치로의 성을 따서 붙인 지명이에요.

다케조에 신이치로는 한동안 지금의 충정로 자리에 있던 임시 공사관, 청수관에 머문 적이 있었어요. 일제가 이를 기념해 지명을 '다케조에초'로 정한 거죠.

'다케조에초'라는 이름은 해방 이후 '충정로'로 바뀌어요. 이 지명은 1905년에 일본이 대한 제국의 외교권을 빼앗고자 강제로 체결한 을사늑약에 항거해 자결한 민영환의 시호 '충정忠正'에서 따온 거예요. '시호'는 죽은 인물의 공덕을 칭송해 국가에서 내린 특별한 이름을 말해요.

• 일본 군함 이름이 우리 땅 이름이 되었다고요?

   1936년 무렵, 중국과 한판 전쟁을 준비하던 일본은 우리나라의 마을에 해당하는 지명인 '리里'를 일본식 명칭인 '정町'으로 바꾸었어요. 동화 정책이라고 해서 우리 땅을 일본처럼 만들겠다는 계획이었어요. 이로 인해 경기도 안성의 경우, 이때 10개 리가 25개 정으로 바뀌었다고 해요.

   어떤 마을은 기존에 있던 지명에 단순히 '정'을 붙였지만, '명치정明治町, 대화정大和町'처럼 기존 지명을 무시하고 일본식 지

• 1938년 명치정에 있던 명치(明治)극장

명을 붙인 경우도 많았어요.

'명치明治'는 일본어로 '메이지'라고 하는데, 이는 일본 왕의 연호로, 즉 일본 왕을 가리켜요. 과거 일본은 무사들이 지배하는 나라였는데, 19세기에 메이지 유신이라는 개혁을 통해서 왕이 지배하는 나라로 바뀌었어요. 메이지 유신 때, 일본은 경제를 포함해서 사회의 모든 분야에 걸쳐 근대화가 이루어졌어요. 이를 통해 유럽이나 미국의 지배를 피하고, 강대국이 될 수 있었다고 해요.

그래서 일본 사람들은 '명치(메이지)'라는 명칭을 참 좋아하죠. 하지만 우리에게 '명치'는 섬뜩한 침략자의 또 다른 이름일 뿐이에요.

'명치정, 메이지마치明治町'는 현재의 명동을 일컫는 지명이에요.

'대화정'은 지금의 인천 숭의동의 옛 지명이에요. 1936년에 인천에 편입되면서 '대화정'으로 이름이 바뀌었어요.

'대화大和'는 일본어로 '다이와(야마토)'라고 하는데, 제2차 세계대전에 참전했던 일본 군함 이름이에요. 자살 특공대로 불리는 일본의 가미카제 특공대원들은 머리띠에 붉은 글씨로 일제의 정신을 상징하는 대화혼이란 걸 새겼어요. 그러니 이 또한 우리에게는 '명치'처럼 소름 돋는 지명인 거죠.
　광복 후, 일제의 잔재를 지우기 위한 노력이 시작되면서 일본식 지명을 바꾸기 시작했어요. '경성부'는 '서울'로 바꾸었고, '정'이라는 일본식 명칭은 우물을 중심으로 사람들이 산다는 뜻의 '동洞'으로 바꾸었어요. '명치정'은 '명동', '대화정'은 '숭의동'으로 변경했죠.

지명이 왜 중요해요?

사람의 이름은 성명이라고 하고, 땅에 붙는 이름은 지명이라고 해요. 땅에는 산도 있고, 강도 있고, 바다도 있고, 도시도 있고, 나라도 있어요. 그러니 '에베레스트산, 나일강, 태평양, 뉴욕, 프랑스'처럼 산 이름, 강 이름, 바다 이름, 도시 이름, 나라 이름이 모두 지명이에요.

• '인천국제공항'이 '서울공항'이 될 뻔했다고요?

나는 인천 영종도에 살아요. 여기서 '인천'은 도시의 지명이고, '영종도'는 섬의 지명이에요. 영종도에는 이용객 수 세계 1위, 서비스 만족도 세계 1위인 인천국제공항이 있어요.

공항 이름은 회사 이름이지, 지명은 아니에요. 그런데 이 공항의 이름을 정할 때, 서울 사람들은 '서울'이라는 지명을 붙이고 싶었고, 인천 사람들은 '인천'이라는 지명을 붙이고 싶었어요.

서울에는 김포공항이 있지만, '김포'라는 지명도 경기도에 있는 도시 이름이에요. 서울 사람들은 수도의 지명이 들어간 공항이 있어야 한다고 주장했고, 인천 사람들은 영종도가 인천에 있으니 '인천공항'이 돼야 한다고 주장했어요.

그렇게 해서 당시의 국토해양부가 공항 이름을 공모했어요. 세종공항, 서울-영종공항, 인천국제공항을 후보로 발표했는데, 최종적으로 '인천국제공항'으로 결정됐어요.

오늘날 인천국제공항은 세계 최고의 공항으로, 그 이름을 모르는 사람이 거의 없을 정도예요. '인천'이라는 지명도 서울만큼 널리 알려지게 됐어요. 만약 당시에 '인천'이라는 지명을 빼고 '서울공항'으로 이름을 정했다면, 오늘날 인천이 세계적으로 널리 알려진 도시가 됐을까요? 그러니 지명이 얼마나 중요한지 알겠죠?

• 인천국제공항

• 지명 때문에 사할린을 빼앗긴 일본

　지명의 중요성이 강조되는 사례는 또 있어요. 사할린은 일본 홋카이도 위쪽 러시아 지역에 자리한 섬이에요. 오래전부터 러시아와 일본의 영토 분쟁으로 갈등을 겪었어요. '사할린'은 러시아 사람들이 아무르강 동쪽 땅을 부르는 말로, 아무르강 하류에 살던 소수 민족의 말에서 유래했다고 해요. 한편, 청나라를 세운 만주족은 아무르강을 검은 강이라는 뜻의 '사할리얀 울라'라고 불렀고, 한자로는 '흑룡강黑龍江'이라 표기했어요. 몽골인들도 검은 강이라는 뜻의 '카하라 무렌'이라고 불렀어요.

　1904년에 일본은 러일 전쟁을 일으켜 승리하면서, 한때 남사할린을 점령했어요. 이때 사할린을 '가라후토'라 부르며, 한자로는 '화태樺太'로 표기했어요. 여기서 '가라'는 대륙 문화가 들어오는 통로가 되는 '외국'을 의미해요. 과거 일본은 북쪽 사할린을 통해서도 대륙의 문명을 받아들였거든요.

1875년, 러시아와 일본이 사할린과 쿠릴 열도를 놓고 국경 협상을 하며 실랑이를 벌였어요. 이때 러시아 대표가 일본 정부 대표에게 물었어요.
"이 섬을 무엇이라 부르시오?"
일본 대표는 '가라후토섬'이라고 답변했어요.
그러자 러시아 대표가 주장했어요.
"가라는 '외국'을 의미하지 않소. 그러니 가라후토는 곧 '외국인의 섬'을 뜻하오. 이것이 바로 일본이 스스로 자신의 영토가 아니라는 점을 인정하는 것이 아니고 뭐겠소!"
결국 사할린은 러시아 영토가 됐다고 해요.
일본이 자신의 북방 영토였던 사할린섬을 러시아에 빼앗긴 쓰라린 역사에서 우리는 지명의 중요성을 배울 수 있어요.

지명은 어떻게 결정되나요?

지구의 나이는 45억 년이고, 인류의 나이는 가장 오래된 오스트랄로피테쿠스부터 따져도 약 2백만~3백만 년이 됐다고 해요. 그러니 세상에는 땅이 먼저 있었고, 그다음에 인간이 태어난 거죠.

인간은 비를 피하고, 맹수를 피하고, 먹을 것을 구하기 위해 사냥이나 수렵을 하면서 서로 정보를 주고받았을 거예요. 정보를 주고받자면 말이 필요했겠죠. 그래서 말로 어디에 가면 사냥감이 많은지, 어디에 가면 위험한지 등을 서로 알려 줬을 거예요. 그러자면 그 '어디'라는 곳에 이름을 붙여야 했겠죠?

예를 들어, 어디 산에 가면 사냥감이 많다고 말하고 싶어요. 하지만 산이 여러 곳에 있으니까, 그냥 산이라고만 하면 헷갈릴 거예요. 이럴 때 부엉이 닮은 바위가 있는 산은 '부엉이산'이라고 이름을 붙이면 대화가 쉬워지겠죠? 그래서 지명에는 자연스럽게 산이나 강, 바다 같은 자연환경이 많이 포함됐어요.

• 지명이 만들어지는 이유는 가지가지

　지명은 모양을 본떠 만든 것이 많아요.
　전북 진안에 있는 마이산馬耳山은 두 산의 봉우리가 말馬의 귀耳 모양으로 생겼다고 해 붙여진 지명이에요.
　또 강원도 영월군에 가면 마치 우리나라 지도처럼 생긴 곳이 있어요. 이곳의 본래 지명은 '서면'이었는데, 이러한 모양을 본떠 '한반도면'으로 지명을 바꾸었어요.

　지명에는 '북한산, 서대문, 동대문'처럼 동서남북 방향을 나타내는 것도 많아요. 예를 들어, '남문, 남한강, 남해'처럼 '남-'이라는 지명은 우리나라에서 주로 남쪽과 앞을 뜻해요. 우리

나라는 겨울이 추워서 전통적으로 집이 해가 잘 드는 남쪽을 향하는 경우가 많아, 집 앞이 곧 남쪽이라고 생각했어요.

처음 우리 땅의 이름은 그 당시 쓰던 순우리말로 지었어요. 하지만 문자가 없었을 때는 기록은 못 하고, 사람들의 입을 통해 할아버지에서 아버지, 아버지에서 아들로 지명이 전해졌을 거예요.

그러다가 삼국 시대 때 한자를 본격적으로 사용하면서 지명을 한자로 기록하기 시작했어요. '큰 산'이라는 지명을 '대산大山'으로 바꾸는 식이죠.

그런데 문제는 순우리말 지명을 발음과 뜻 그대로 모두 한자로 옮기기가 어렵다는 거예요. 영어인 '커피'를 그대로 한자로 옮기기 어렵듯이요. 그래서 이해하기 힘든 지명이 생겨나기도 했어요.

예를 들어, 육군 훈련소가 있는 충청남도 논산은 지명에 '산'이 들어가지만, 정작 이곳은 '논산평야'로 불리는 너른 들판이에요.

본래 우리나라 말에는 들판을 가리키는 '-메'라는 말이 있어요. 그래서 논산 훈련소가 있는 곳은 '느르메(너른 벌판)'로 불렸어요. 그 느르메가 입에서 입을 거치면서 '놀메, 놀뫼'로 변했고, 이것을 한자로 표기하려니까 '놀'은 노랗다는 뜻의 '황黃, 누를 황', '뫼'는 '산山, 뫼 산'을 써 '황산'이 됐어요.

이 황산 벌판에서 660년에 백제의 계백 장군과 신라의 김유신 장군이 황산벌 전투를 벌였어요.

이처럼 지명은 오래되고 복잡하고, 때로 이해하기 힘든 이유로도 생겨났어요.

지명에는 사람 이름이 들어간 경우도 많아요. 강원도 춘천에 있는 '남이섬'은 조선 시대 무신인 남이 장군의 이름을 붙인 지명으로, 남이 장군의 묘도 있어요.

• 남이섬에 있는 남이 장군의 가짜 묘

'남이섬'이란 지명은 남이섬에 있는 한 돌무덤에 남이 장군이 묻혀 있다고 전해지면서 자연스럽게 정착됐어요.

그런데 사실 남이섬에 있는 남이 장군의 묘는 가짜예요. 남이섬이 유명 관광지가 되면서, 그곳이 남이 장군과 깊은 관계가 있는 것처럼 가짜 묘를 만들었어요. 진짜 묘는 경기도 화성에 있어요.

본래 '남이섬'은 남(앞)의 섬이란 뜻이었는데, 언제부터 '남이섬'으로 불렸는지는 정확한 문헌이 없어요.

그런가 하면 어떤 지명은 한자로 바뀌었다가 다시 순우리말로 바뀌기도 했어요. 서울은 과거에 '한양, 경성부' 등 한자 지명을 가지고 있었는데, 대한민국의 수도가 되면서 순우리말인 '서울'로 바뀌었어요.

이처럼 지명은 생물처럼 살아 숨 쉬고, 어린이가 어른으로 외모가 바뀌듯이 시간이 지나면서 바뀌기도 하고, 늙어서 죽듯이 사라지기도 해요.

순우리말 지명이 얼마나 있나요?

    일제 강점기에 서울을 중심으로 일본인들이 많이 거주한 곳에서는 우리 고유의 지명이 많이 사라졌어요. 하지만 상대적으로 일본인들의 영향을 적게 받은 곳에서는 고유어 지명이 꽤 남았어요. 2020년 국토지리정보원에서 조사한 바에 따르면, 현재 순우리말로 불리는 고유어 지명은 11,000여 개 있다고 해요.

    일제 강점기를 거치며 순우리말 지명이 모두 사라진 것 같지만, 혹독한 겨울 들판에서도 초록빛을 잃지 않은 보리 싹처럼 살아남은 순우리말 지명들도 꽤 있어요.

• 가장 긴 순우리말 지명 '옥낭각씨베짜는바위'

    우리나라에서 가장 긴 순우리말 지명은 '옥낭각씨베짜는바위'로, 무려 9자나 돼요. 이 바위는 대구광역시 달성군 주암산에 있는 바위예요. 먼 옛날 옥낭 각시가 이곳에서 베를 짜다 총각에게 쫓겨 하늘로 올라갔다는 전설이 전해져요.

고유어 지명 중에 가장 많이 쓰이는 건 '새터'예요. '새터'는 새로 마을이 생겼다라는 뜻으로, 전국적으로 273곳에서 쓰고 있다고 해요. '새터'와 비슷한 지명으로는 '새말'(110개), '새마을'(89개)이 있어요.

서울의 '장승배기'와 경기도 화성의 '장승재'처럼 '장승'을 붙인 지명도 많아요. 장승은 옛날에 나무나 돌에다 사람 얼굴을 새겨 마을 어귀나 길가에 세워 두었던 푯말이에요. 장승과 관련된 지명은 전국에 39곳 정도라고 해요.

• 순우리말에 한자를 붙인 지명 '양지골'

우리 지명 중에는 순우리말과 한자가 섞인 것도 무려 17,000여 개나 있다고 해요. 이런 혼합어를 쓴 지명 중에는 '양지말'이 가장 많아요. '양지陽地'는 해가 잘 들어서 따뜻한 곳을 의미하고, '말'은 마을을 뜻하는 순우리말이에요.

그리고 마을을 나타내는 지명 중에서는 '복사골'처럼 뒤에 우리말 '골'이 들어간 지명이 가장 많다고 해요.

한편 국토지리정보원에 따르면, 우리나라에는 10만여 개의 지명이 있는데, 그중 한자어 지명이 45,000여 개로 가장 많다고 해요.

한자어 지명에서는 새로 생긴 마을을 의미하는 '신촌新村'이 가장 많다고 해요. '신촌'이란 지명은 서울에도 있고, 인천에도 있고, 평택에도 있고, 일본의 수도 도쿄에도 있어요.

전국에서 가장 많이 사용되는 산 지명으로는 '남산南山'이 101개로 가장 많다고 해요. '남산'이란 지명 역시 서울에도 있고, 경주에도 있고, 다른 도시에도 있어요.

수도권은 수도 서울과 그 주변 지역인 경기도, 인천을 말해요. 일제 강점기 동안 우리 국호는 '조선'이 아니라 '대한 제국'이었어요. 하지만 일제는 '대한 제국'이라는 말을 쓰지 않고, 굳이 사라진 나라 '조선'으로 불렀어요. 또한 서울 '한성'을 '경성'으로, '순종 황제'를 '이왕'으로 낮춰 불렀어요. 일제는 지명을 변경하면서도 우리 민족의 심장이라고 할 수 있는 수도 서울과 수도권을 더 철저히 파괴했어요.

🔔 '종의 거리'가 '술잔의 거리'로 바뀌었어요

   종로는 광화문 광장이 있는 종로1가 세종대로 사거리에서 시작해서 극장과 금은방이 많은 종로3가, 종묘가 있는 종로4가, 약국이 많은 종로5가, 우리나라 보물 1호인 동대문(흥인지문)을 지나 신설동역에 이르는 4.2킬로미터의 도로를 말해요.
   종로는 본래 엄청 넓은 도로였어요. 조선 시대에 옷감 가게, 고기 가게, 종이 가게 등 상점들이 늘어나면서 폭이 좁아졌죠.

   오늘날 종로는 이중적인 모습을 하고 있어요. 종로1가는 재개발을 통해 고층 건물이 즐비해진 대신, 고유의 역사와 전통을 모두 잃어버렸어요. 그런데도 다른 종로 지역의 많은 사람들이 종로1가와 같은 재개발을 꿈꾸고 있는 것 같아요.

   본래 종로는 큰길인 종로와 그 뒤편에 있는 작은 길들을 포함하는 하나의 지역이기도 해요. 그래서 종로에 가면 널찍한 큰길 뒤로 미로처럼 구불구불한 작은 길들이 핏줄처럼 뒤엉켜 있어요.
   종로는 조선 시대에도 상점들이 많은 거리였고, 매일 장이 서는 상설 시장이 있었어요. 그리고 지금도 종로를 중심으로 동대문종합시장, 평화시장, 광장시장 등이 들어서 있는 상업 기능이 발달한 곳이에요. 특히 일제 강점기에도 종로는 경성부(서울)의 중심지였으며, 식민지 시기에 우리나라 사람들이 모이는 번화가로 우리의 자존심과도 같았어요.

종로는 본래 땡, 땡 울리는 큰 종이 있는 길이라는 뜻으로 '종로鐘路'라고 불렸어요. 그래서 종로의 '종鐘'은 쇠북을 말해요. 조선 시대에는 시계가 없었기 때문에 한양성 안에 사는 사람들에게 종을 울려서 성문을 열고 닫는 시간을 알려 줬어요.

• 일제 강점기 종로 거리

왕이 머무는 경복궁이 있는 종로 지역은 성으로 둘러싸여 있었는데, 성문을 새벽에 열고 밤에는 닫았어요. 새벽에 33번 종을 울려서 시각을 알려 주고 성문을 열었고, 밤에는 28번 종을 울리고 성문을 닫았어요. 그래서 지금도 새해 첫날 0시에 종각의 종을 33번 울려서 새해를 알리는 행사를 하죠.

그런데 '종로'의 한자 표기가 일제 강점기를 거치며 비슷한 한자인 '鍾路종로'로 바뀌었어요. 여기서 '鍾종'은 술잔을 의미해요. 중국 청나라 때 편찬된 사전인 『강희자전』이나 『조선왕조실록』을 보면, '종'의 한자인 '鍾'과 '鐘'을 혼용해 썼다는 기록도 있어요. 그런데 일제 강점기에 술잔을 뜻하는 '鍾' 하나만 표기하면서 '鍾路종로'로 굳어졌다고 해요.

1943년에 일본은 구제를 실시해요. 지금의 종로구, 서대문구처럼 '구'라는 행정 구역을 쓰게 한 거죠.
이때 구제로 인해 중구가 생겼는데, '중구'는 경성부의 중심이라는 의미를 담아서 붙여졌다고 해요. 일제 강점기에 우리나라 사람들은 주로 북촌(현재의 종로구)에, 일본인들은 주로 남촌(현재의 중구)에 모여 살았어요. 그러니 남촌이 경성부의 중심지여야 한다고 생각해 '중구'라고 붙였다고 해요.

🔔 서울에 도깨비불 마을이 있었다고요?

서울 종로구 관수觀水동은 종로3가 남쪽에 있는 청계천 일대 지역이에요. 청계천은 서울 시내를 흐르는 하천이에요. 인왕산 쪽에서 나와 동쪽으로 흐르다가, 왕십리(살곶이다리) 근처에서 중랑천과 합쳐지는 약 10킬로미터 길이의 작은 하천이죠.

과거에 조선이 수도를 정할 때, 한양 밖으로는 한강이 동에서 서로 흐르고, 한양 안으로 청계천이 서에서 동으로 흘러 명당이라고 했대요.

조선 초, 청계천은 개천으로 불렸어요. 개천은 강보다 작은 하천을 이르는 말이에요. 그럼 청계천淸溪川(맑은 물이 흐르는 시내)의 '청계'는 어디서 온 말일까요?

경복궁 서북쪽을 흐르는 청계천 상류를 '청풍계천', 또 다른 물줄기들을 '옥류동천, 누각동천' 등으로 불렀어요. 그리고 이들을 모두 합쳐 '청풍계천'이라 부르기도 했는데, 일제 강점기에 '청계천'으로 변경된 것으로 추측돼요. 당시 일본인들은 청계천을 '탁계천(더러운 물이 흐르는 시내)'이라고 비웃었대요.

• 일제 강점기, 청계천에서 빨래하는 사람들

조선 시대에 청계천은 한양 안에서 종로구 북촌과 남대문이 있는 중구 남촌의 경계였어요. 일제 강점기에는 남촌에 일본인들이 들어와 살면서 이름을 '혼마치 本町(현재 충무로)'로 변경했고, 청계천은 민족의 거리 종로와 혼마치를 가르는 경계가 됐어요.

'관수동'이란 지명은 1910년, 청계천 위에 지은 다리의 이름인 '관수교'에서 유래했어요. 청계천에는 24개의 다리가 있었는데, 도성의 다른 곳에 놓여 있던 다리보다 규모도 컸어요. 그중 광교, 수표교, 관수교 등이 유명했어요. '관수교'의 '관수'는 물의 수위, 즉 물의 높이를 관측한다는 뜻이에요.

조선 말의 행정 구역으로 보면 입동, 소립동, 비파동 등이 지금의 관수동 지역이에요. 그런데 이곳 사람들은 마을을 '갓전골, 도깨빗골, 벙거지골, 비팟골' 등 순우리말로도 불렀어요.

이 중 '도깨빗골'은 도깨비불에서 유래한 지명이에요.

1887년 조선 시대에 궁에서 처음으로 전기를 쓰기 시작했고, 1898년부터 본격적인 전력 사업이 시작됐어요. 그러면서 우리 땅에서 전차, 전기, 전화 사업이 시작됐죠. 이때 전깃불을 처음 본 사람들은 이를 '도깨비불'이라고 했어요.

그리고 지금의 관수동 91-1번지(돈화문로 1)에 우리나라 최초로 변전소가 세워지자, 이 마을을 '도깨빗골'이라고 불렀어요. 지금은 사라진 재미있는 지명이죠.

경기도 분당이 본래 중국인 마을이었다니요?

경기도 성남시에는 분당동이라는 곳이 있어요. 분당 사람들은 천당 아래 분당이라며 지역에 대한 자부심이 대단해요. '분당'이라고 하면 보통 분당 신도시나 분당구를 말하는데, 분당동은 분당구 안에 있어요.

'분당'이란 지명은 일제 강점기에 본래 이곳에 있던 마을인 '분점리'와 '당우리'의 지명에서 한 자씩 떼어 와 합성해서 만들었어요.

분점리는 당시 동이 그릇을 구워서 팔았던 곳이 많아 '동이점'이라는 지명으로도 불렀어요. '동이'는 물동이의 동이를 말하고, '점'은 물건을 팔던 점방(가게)이란 뜻이에요. 지금도 할머니 할아버지 중에는 물건을 파는 가게를 점방이라고 부르는 분도 계실 거예요.

당우리는 옛날에 '당모퉁이, 당골' 또는 '당모루'라고 불렸어요. 이곳에 당집이 많아 붙여진 이름인데, '당모루'를 한자로 표

기한 것이 '당우리堂隅里'예요.

　우리나라에서 산을 오르다 보면, 산자락 어귀에 사람은 살지 않는 작은 기와집처럼 생긴 당집을 본 적이 있을 거예요.

　당집은 산신, 나무 신, 호랑이 신 등 신을 모셔 둔 집을 말해요. 그래서 보통 '당堂' 자가 들어간 지명은 불당(부처당, 미륵당), 산신당, 서낭당(성황당) 등이 있었던 곳이에요.

　그런데 일제 강점기에 바뀐 분당의 지명을 보면, 한자로 집을 나타내는 '堂당' 자를 써서 '盆堂분당'이라고 쓰지 않고, 중국 당나라를 뜻하는 '唐당' 자를 써서 '盆唐분당'이라고 표기했어요.

지명 고치는 일을 했던 실무자의 실수였다는 말도 있고, 고려 말에 중국에서 귀화한 당씨 성을 가진 사람이 사는 고을이란 의미로 '당唐' 자가 쓰였다는 말도 있어요.

중국 당나라를 의미하는 '唐당' 자가 들어가는 지명들은 보통 과거 중국인들이 거주해서 붙여진 경우가 많아요. 서울의 당인리唐人里, 당주동唐珠洞, 중국과의 교역로로 쓰여 붙여진 충남의 당진唐津처럼요.

하지만 규장각에 소장된 조선 시대 경기도 광주군의 토지대장을 보면, 당우리는 '堂隅里'로 표기돼 있어요. 그러니 분당이 원래 중국인 마을이었다는 이야기는 그만하는 게 맞지 않을까요?

경기도 안성에 무서운 지명이 생겨났어요

우리말에 '안성맞춤'이란 말이 있어요. 상황이나 조건이 생각대로 잘된 물건을 비유적으로 이르는 말이에요. 경기도 안성에 주문해 유기(놋그릇)를 만든 것처럼 잘 맞는다는 데서 온 말이죠.

안성은 옛날부터 단단하고 질 좋은 놋그릇을 잘 만들기로 유명했어요. 안성에 주문해 만든 '안성맞춤 유기'는 품질이 좋아 딱 좋다라는 말이 있었죠. 이로 인해 물품이 견고하거나, 어떤 물건이 필요에 딱 맞을 때 '안성맞춤'이라 말하게 됐어요.

1914년, 일본은 안성의 지명을 바꾸었어요. 그러면서 지금의 경기도 안성과 용인 지역에 걸쳐 있던 '죽산군'을 없애 버렸어요. 즉, 지금의 안성은 조선 시대 안성군, 양성현, 죽산부 지역으로, 일제 강점기에 행정 구역을 개편하면서 안성군, 양성군, 죽산군의 일부가 합쳐져 안성군이 됐어요.

그리고 죽산군이었다가 안성군으로 편입된 마을 지명을 '죽산竹山'에 들어간 '대나무 죽竹' 자를 넣고, 부르기 편하게 숫자를 넣어서 '죽일면, 죽이면, 죽삼면'으로 바꾸었어요. 주민들의 뜻은 무시하고 지명을 자기들 편리대로 정한 것이죠.

그런데 '죽일면'이나 '죽이면'이라는 지명은 죽인다는 말로 들려 섬뜩하기도 하고 욕 같기도 하잖아요. 이에 주민들이 항의하자, 그 이듬해에 죽일면은 '일죽면', 죽이면은 '이죽면', 죽삼면은 '삼죽면'으로 지명이 바뀌었어요. 이 또한 정말 무성의하죠?

1992년에 이죽면은 다시 '죽산면'이 됐지만, 지금도 '일죽면'과 '삼죽면'은 그 지명이 남아 있어요.

인천 '송도', 일본 명승지 지명? 일본 군함 이름?

인천에는 두 군데의 '송도'가 있어요. 하나는 옥련동에 있는 전쟁 기념관 인근 지역으로, 일제 강점기부터 '송도'로 불렸던, 송도유원지가 있던 곳이에요. 다른 하나는 송도유원지에서 약 1킬로미터 떨어져 있는, '송도 국제도시'로 불리는 높은 건물로 가득한 송도 경제특구(특별 구역)예요.

인천시는 지역 경제 발전을 위해서 송도, 영종도, 청라, 세 곳을 경제 특별 구역으로 지정했어요. 그중 송도 경제특구는 원래 바다였는데, 흙과 돌로 매립해서 여의도 면적 6배 크기의 간척지로 만들었어요. 보통, 사람들은 송도 하면 송도 경제특구를 생각할 거예요.

'송도松島'는 소나무 섬이란 뜻이에요. 본래 송도유원지 주변은 '옥골, 독바위, 한나루' 등의 지명을 가진 마을이 있었어요. 일제 강점기에 경기도 부천군이 새로 생기면서 한데 합쳐져 '옥련리'로 지명이 바뀌었죠. 그리고 1936년에 인천부로 편입된 뒤 '송도정松島町'으로 불리다가, 광복 후 '옥련동'으로 지명이 변경되었어요.

 송도유원지 자리는 '능허대'로 불리던 곳이었어요. 능허대는 옥련동 해안가 바다를 향해 솟아 있는 평평하고 너른 바위를 부르는 말이에요. 백제 사신들이 배를 타고 중국으로 출발할 때 환송했던 장소죠.
 능허대는 길게 뻗은 백사장에 석양이 아름다워 조선 시대 인천의 대표적인 명승지였어요.

• 1937년 개장 초기의 송도유원지

그럼 과거 송도유원지에는 송도라는 섬이 없었는데, 어찌하여 그런 지명이 생겨났을까요? 여기에는 두 가지 주장이 있어요.

하나는 일본에 있는 '마쓰시마松島(송도)'라는 명승지에서 그 지명을 가져왔다는 거예요.

또 하나는 일제 강점기에 인천을 드나들던 일본 전함 '마쓰시마호'의 한자 표기인 '송도松島'에서 가져왔다는 주장이에요. 당시 일본의 전쟁을 승리로 이끈 군함 중 하나였던 마쓰시마 군함을 기리기 위해, 군함이 드나들던 인천 바다에 '송도'라는 지명을 붙였다는 거죠.

일제 강점기에 '송도'라는 지명은 인천의 송도유원지 외에도 전남 목포의 송도정, 부산 송도해수욕장, 포항 동빈내항 송도, 북한 청진의 송도정 등 전국 곳곳에 있었어요.

한편, '송도'라는 지명이 일제 강점기 전에 분명 존재했다는 주장도 있어요.

1861년에 제작된 『대동여지도』 인천 지도에 현재의 송도 위치는 아니지만, 분명 '송도'라는 지명이 있었다는 주장이에요. 그래서 '송도'라는 지명이 일제의 잔재가 아니라고 보는 거죠. 하지만 다른 곳에 있는 '송도' 지명으로 현재의 지명을 설명한다는 것은 논리적으로 설득력이 좀 떨어지는 것 같아요.

'한일 합방韓日合邦'은 대한 제국 시기에 일제가 우리나라를 식민지로 삼은 일을 말해요. 한자만 보면 한국과 일본이 합쳐졌다는 말인데, 일본이 강제로 점령한 것이지, 두 나라가 합쳐진 적은 없어요. 그러니 '국권 피탈' 또는 '강점'이라고 하거나, '병탄'(남의 물건을 제 것으로 삼켜 버림)이라고 해야 해요.

이처럼 무심코 쓰는 말 중 일본의 저의가 담긴 지명들은 강원특별자치도에도, 전라도에도, 경상도에도, 충청도에도, 제주특별자치도에도 있어요.

3장 일제에 빼앗긴 지방의 지명들

경상북도 '왜관'이 아니라 '칠곡'이에요

왜관은 경상북도 칠곡군의 군청이 있는 곳이자, 기차역인 왜관역이 있는 칠곡의 중심지예요.

일제와 관련된 지명 중 '일본 왜倭' 자에 '집 관館' 자를 쓴 '왜관倭館'만큼 일본 냄새가 물씬 나는 지명도 드물어요.

본래 '왜관'은 무역을 위해 설치한 일본인 숙소예요. 하지만 왜관에서는 잠만 자는 게 아니라 물건도 거래했어요. 또한 부산에 있었던 초량 왜관처럼 큰 왜관에는 도자기를 만드는 공장도 있어서, 일본인에게 주문을 받아 도자기를 제작하기도 했어요.

왜관은 바닷가에 출몰해 노략질하는 왜구를 줄이고자 고려 말에서 조선 초에 처음 설치했어요. 또한 일본인들이 우리 땅 아무 곳에서나 장사를 해서 일본 물건이 조선 시장으로 밀려드는 것을 막기 위해 설치했어요. 왜관에는 허가받지 않은 조선인은 출입이 금지됐고, 일본인도 허가 없이 바깥으로 나갈 수 없었어요.

왜관은 일본과 가까운 부산, 울산 등 바닷가와 칠곡처럼 강가에 설치했어요. 그중 칠곡 왜관은 아주 작은 왜관으로, 낙동강 물길을 이용하는 상인과 사신이 머무는 숙소 정도로 쓰였어요. 나머지 왜관도 일본과 무역이 줄면서 조선 말에 거의 폐쇄됐어요.

그런데 칠곡군의 '왜관'은 전국에서 유일하게 지명으로 남았어요. '왜관읍'은 1905년 경부선 철도 왜관역이 생긴 후, 역 이름에서 따와 지금까지 쓰이고 있어요.

당시 양반들은 철도가 마을을 지나는 것에 반대했지만, 일본인들은 억지로 철도를 설치한 것도 모자라, 자신들의 옛 흔적을 나타내려고 '왜관'이라는 지명까지 붙였어요.

• 부산 초량 왜관 : 일본에서 두모포 왜관의 설치 공간이 협소하고 건물이 낡아 불편하다고 호소하자, 현재 부산광역시 중구 중앙동 일대에 새로 조성한 왜관이다. 약 500명의 일본인이 거주했으며, 왜관 북쪽과 서쪽으로 담장이 설치돼 외부 통행이 제한됐다.

• 현재의 왜관역

최근 칠곡에서는 왜관읍은 '칠곡읍', 왜관역은 '칠곡역', 왜관나들목은 '칠곡나들목'으로 지명을 바꿔야 한다고 주장하고 있어요.

칠곡은 경북 서남부에 위치하고, 영남 지방의 도로 교통과 철도 교통의 요충지예요. 임진왜란 때도, 한국 전쟁 때도 낙동강 방어선의 중심지로서 격렬한 싸움이 벌어졌던 곳이에요.

고려 시대에도 '팔거'와 '칠곡'으로 불렸고, 1640년 조선 시대에는 가산산성을 쌓으면서 지방 관아인 도호부가 설치돼 칠곡 도호부였어요.

'칠봉산'은 가산의 별명으로, 정상부가 7개 봉우리로 둘러싸여 있고, 사방으로 7개 골짜기가 있어요. 그래서 처음에는 '칠곡七谷'이라 불렀어요. 이후에 '일곱 칠七' 자를 음이 같은 '옻 칠漆'로 고쳐 '칠곡漆谷'이 됐어요. 옻나무가 많아서 바뀌었다는 설이 있으나 확실치는 않아요.

충청남도 '홍성'은 본래 '홍주'였어요

홍성은 높은 산보다는 구릉지와 평지가 많은 편이고, 서쪽은 천수만이 있는 바다와 만나요.

1978년에 우리나라 지진 관측 사상 8번째(2023년 기준)로 강했던 진도 5 정도의 지진이 발생해 전국에 '홍성'이라는 지명이 더 유명해졌죠. 당시 지진은 집이 흔들릴 정도여서 우리나라에서는 아주 큰 사건이었어요.

홍성에 가면 집이 아니라 사람 머리를 갸우뚱하게 하는 것이 또 있어요. 그건 홍성군청 앞에 있는 조선 시대의 관청 출입문이에요.

관청은 군수를 포함해서 공무원이 일하는 곳이고, 관청 출입문을 '아문'이라고 했어요. 옛날에는 관청을 '관아'라고도 했잖아요! 그런데 출입문의 현판을 보면 홍성이 아닌 '홍주아문洪州衙門'이라고 적혀 있어요.

나무로 된 홍주아문은 우리나라 아문 중에서 가장 크고, 과거에는 홍성군청이 정문으로 이용했어요.

• 일제로부터 지켜 낸 홍주 읍성 조양문

　이처럼 홍성에는 홍주아문 외에도 홍주성 역사 공원, 홍주성 역사관, 홍주 읍성 등 '홍주'라는 지명을 곳곳에서 볼 수 있어요.

　홍성에 왜 '홍주'라는 지명이 많이 보일까요? 그건 이곳이 고려 이후 '홍주'로 불려 오다가, 일제 강점기에 '홍성'으로 지명이 변경됐기 때문이에요. 일제가 '홍주'와 '공주'의 일본식 발음이 비슷해 바꿨다고 알려져 있어요.

　하지만 항일 의식이 높았던 홍주의 역사를 볼 때, 일제가 홍주의 기를 누르기 위해서 '홍성'으로 지명을 변경한 거라는 주장에 더 힘이 쏠려요.

 조선의 지리학자 이중환은 전국을 답사하며 기록한 지리책, 『택리지』에서 "충청도에서 내포가 가장 살기 좋은 곳이다."라고 했어요.
 내포는 충청도 예산, 당진, 서산 등의 일대를 말해요. 넓고 기름진 평야와 바다를 끼고 있어서 먹을 것이 넉넉한 곳인데, 그 중심지가 바로 홍주였어요. 그래서일까요? '홍주'의 '홍洪' 자가 넘친다, 크다라는 뜻이에요.

 또한 홍주 읍성의 규모를 보면, 조선 시대에 홍주가 충남 서해안 일대의 행정 중심지이자 군사 중심지였다는 것을 알 수 있어요.
 홍주 읍성은 지금은 약 800미터 길이의 성벽만 남아 있지만, 본래는 약 1.7킬로미터의 성벽을 가진 큰 읍성이었어요. 하지만 일제 강점기에 일본이 읍성의 일부를 강제로 없애고, 지진의 재해를 겪으면서 많이 파괴됐어요.
 일제는 홍주 읍성의 성곽을 파괴하고, 서문과 북문을 없앴어요. 화가 난 홍주 주민들의 저항으로 그나마 동문인 조양문과 성벽 일부를 지켜 낼 수 있었죠.

홍주에서는 동학 농민 운동 때, 충청도 농민군들이 민족의 자존심과 홍주 읍성을 지키려다 목숨을 잃었어요. 또한 1906년 홍주성 전투에서 의병대가 일본군을 쫓아낸 역사도 있어요.

경상남도 밀양시의 '삼랑진'은 본래 '하동'이었어요

삼랑진은 경상남도 밀양시에 있어요. 행정 구역으로는 밀양시에 속하지만, 양산시와 붙어 있고 낙동강 건너 김해시와도 가까워요.

'삼랑진'에서 '삼랑'은 세 물줄기가 부딪혀서 물결이 일렁이는 곳, '진'은 나루터라는 뜻이에요.

지도를 보면, 밀양강이 낙동강 본류에 흘러들어 세 갈래의 물줄기처럼 보여요. 하지만 남해를 향해 흘러가는 낙동강에 밀양강이 유입된 것이라, 실제로는 두 갈래의 물줄기가 부딪히는 곳이죠.

그런데 왜 삼랑, 세 갈래의 물줄기라고 했을까요? 그건 낙동강 하구(강과 바다가 만나는 곳)부터 삼랑진까지의 구간에서 강물이 거꾸로 흐르기 때문이었어요.

이렇게 강물이 역류하는 구간을 감조 하천이라고 하는데, 밀물 때 바닷물이 강을 따라 역류하는 바람에 생기죠. 옛날에는 비가 많이 내릴 때 강의 역류까지 겹치면 그 주변에 큰 홍수가 났어요.

지금은 낙동강 하구에 큰 둑을 쌓아서 바닷물에 의한 역류를 막아 삼랑진도 안전한 곳이 됐어요.

　삼랑진은 조선 시대에 '하동'이라고 불렀어요. 밀양강 동쪽 아래에 있어서 그렇게 불렀던 것인데, 일제 강점기인 1905년에 생긴 기차역 이름, '삼랑진'을 따서 바꿨다고 해요.
　사실 조선 시대에도 삼랑 나루를 '삼랑포'로 썼고, 고지도에도 '삼랑진' 표기가 많아요. 하지만 공식적으로 '삼랑진'이 행정 구역명이 된 건 일제 강점기인 1928년이에요.

• 1905년 삼랑진 철도교

그럼 일본이 하동 사람들의 자긍심을 높이려고 지명을 바꾼 걸까요? 그럴 리가 없겠죠. 일본이 지명을 바꾼 사례를 보면, 자신들이 모여 사는 마을의 이름을 바꾼 사례가 많아요. '삼랑진'도 기존의 '하동'이라는 지명을 없애고, 자신들의 편리와 이익을 위해 바꾼 이름인 거죠.

 삼랑진은 지형적 특징 때문에 조선 시대에 이미 뱃길의 중심지로 상업이 발달했고, 낙동강 하류 지역의 세금을 모으는 삼랑창이 설치될 정도로 번창했어요. 그래서 철도가 처음 놓일 때도 경부선(서울-부산을 연결하는 철도)과 경전선(삼랑진-광주 송정을 연결하는 철도)이 지나는 교통의 요지가 됐어요.

 이런 곳이다 보니, 일제 강점기에 일본인들이 많이 모여 살면서 장사도 하고, 과수원도 하고, 공장도 생겨났어요.

 특히 밀양강 하류 지역에는 일본인들에 의해 대규모 농장이 만들어졌어요. 강과 바다가 만나는 환경을 좋아하는 갈대는 연료나 사료, 공예품 원료가 돼 철길을 통해 전국적으로 팔려 나갔어요. 그래서 삼랑진에 가면 지금도 일본인들이 살았던 일본식 집들을 여럿 볼 수 있어요.

충청북도 '아홉 개의 바위' 마을은 본래 '거북 바위' 마을이에요

충청북도 보은에는 속리산 정기를 이어받은 구암리라는 마을이 있어요. 이곳은 예전에는 마을 뒷산 아래에 거북 모양의 큰 바위가 있어서 '거북 구(龜)' 자를 써서 '구암(龜岩)' 마을로 불렸어요.

구암 마을은 임진왜란 때 추산 이만복 선생이 전쟁을 피해 이곳으로 오게 되면서부터 만들어진 마을이라고 해요. 하지만 청동기 시대 묘인 고인돌이 있는 것으로 봐서 아주 오래전에도 사람들이 살았던 곳으로 보여요.

지금은 다른 농촌처럼 사람들이 도시로 떠나 한적한 시골 마을이 됐어요. 하지만 한때는 관기, 청산, 화령 등 인근 도시로 가는 길목이어서 주막거리가 있을 정도로 사람들이 북적였어요.

그런데 거북 바위 마을, 구암의 지명이 일제 강점기에 거북과는 관계없는 아홉 개의 바위라는 뜻의 '구암리(九岩里)'로 바뀌었어요. 이 마을과는 전혀 상관없는 지명이 생겨난 거예요.

이처럼 '거북 구(龜)' 자를 바꾼 예는 더 있어요. 충북 진천에 있는 구산리도 마을 뒷산이 거북을 닮았다고 해서 원래 '구산龜山'으로 불렸어요. 그런데 일제 강점기에 강제로 '아홉 구九' 자를 쓴 '구산九山'으로 바뀌었어요.

구암리나 구산리 사람들은 임진왜란 때 이순신 장군의 거북선 때문에 왜구가 패망했기 때문에, 우리 지명에서 '거북 구龜'를 못 쓰게 했을 거라고 추측해요.

거북선으로 더 잘 알려진 귀선龜船은 조선의 군함이에요. 2층으로 만든 조선 시대 군용 선박, 판옥선을 개조해 덮개를 덮어서 만든 배예요. 거북선은 배의 등에 적군이 오르지 못하도록 완전 무장을 위해 송곳과 칼을 꽂았어요. 뱃머리에는 용머리와 화포를 달고, 배꼬리에는 거북이 꼬리를 세우고 여기에도 화포를 달았죠.

거북선이 진가를 발휘한 건 임진왜란 때였어요. 이순신 장군의 지휘 아래, 조선의 해군은 노량 해전, 명량 해전 등 16개의 해전에서 16승을 거두면서 일본 왜군에게는 공포의 대상이 됐어요.

전라북도 장수군 장수읍에 있는 용계龍鷄 마을의 경우에는 '용계'의 '닭 계鷄' 자가 '시내 계溪'로 바뀌었어요.

용계 마을의 이름에는 조선을 세운 태조 이성계와 관련해 전해 내려오는 이야기가 하나 있어요.

이성계가 장군 시절 때 일이었어요. 장군이 왜구를 토벌하러 가던 중 남원의 한 마을에서 휴식을 취하며 잠이 들었어요. 그런데 새벽에 닭 울음소리를 듣고 깜짝 놀라 깨어났고, 미리 황산에 매복해 있다가 왜구를 무찔렀다고 해요.

이렇게 용의 화신인 닭의 울음소리 덕분에 승리를 거뒀다고 해서, 이 마을 이름이 '용계龍鷄'가 됐다고 해요. 하지만 일제에 의해 '용계龍鷄'는 닭과는 관계없는 '용계龍溪'로 바뀌었어요.

전라북도 군산 지명에 담긴 일제의 야심

군산은 전라북도를 대표하는 도시 중 하나예요. 지금도 군산에는 일제 강점기의 흔적이 깊이 남아 있어요. 대한 제국 때 만들어진 건물인 구 군산 세관을 비롯해 구 나가사키 18은행, 구 조선은행, 일본식 가옥인 구 히로쓰 가옥, 동국사 등 일제의 잔재가 이제 이 지역의 관광 상품이 됐어요.

군산群山의 우리말 이름은 '무르뫼'로, 여러 개 산이 무리를 이루

• 군산에 남아 있는 일제 강점기의 흔적, 구 조선은행

고 있다는 뜻이에요. 군산 지역은 조선 시대에는 '옥구현'과 '임피현'이라 불렸어요.

지금의 군산에서 남서쪽으로 약 50킬로미터 떨어진 바다에는 60여 개의 섬이 모여 있는 고군산 군도가 있어요. '군도'는 섬들이 모여 있다는 뜻이에요.
고군산 군도를 조선 전기까지는 '군산도'라고 했어요. 이 중 16개는 사람이 사는 유인도예요. 조선 시대 때도 세금을 걷는 조창이 있을 정도로 사람들이 꽤 많이 살았어요.

조선 시대 때, 군산도(현재의 선유도)에 있던 해군 부대 군산진을 옥구현의 바닷가로 옮기고, 그곳을 '군산'으로 불렸어요. 군부대가 있던 진영의 이름을 도시 지명으로 바꾼 것이죠.
군산진을 옮긴 건 왜구들이 자주 출몰해 주민들을 괴롭혔기 때문이에요.
그리고 '군산'이라는 지명이 헷갈리다 보니, 군산도를 옛날 군산이라는 뜻으로 '고군산'이라 부르게 되었어요.

일제 강점기에 일본인들의 주거지가 있는 옥구군과 임피군 안에서 당시 중심지로 여겨지던 일부 지역을 별도로 '군산부'라는

행정 구역명으로 바꾸었어요. 그것도 서울을 '경성부'라고 했듯이 큰 도시에 붙는 '부' 자를 붙여 '군산부'라고 한 거죠. 이는 군산을 존중해서가 아니라, 일본이 본격적으로 군산 땅을 이용하겠다는 속셈이었어요.

군산 지역은 옛날부터 중국이나 일본에서 드나들기 유리했고, 특히 일본에서 부족한 쌀을 빼앗아 가기에도 좋았어요.

군산을 포함해 인근 지역에는 평야가 발달해서 벼농사를 짓는 곳이 많았어요. 그래서 전주와 군산을 잇는 '전군가도'라는 도로까지 만들어, 전주를 포함한 전라도 지역의 쌀을 군산항으로 가져와 일본으로 가져갔어요.

• 일본으로 보내기 위해 군산항에 쌓아 놓은 쌀가마니들

지금도 군산에는 '쌀 미米' 자가 들어가는 지명이 많아요. 벼를 말리는 건조장으로 활용했던 '미장동米場洞', 쌀 창고가 많았던 동네 '장미동藏米洞'처럼요. 장미동은 군산진이 있던 자리이기도 해요.

군산에는 외국인의 거주지가 만들어지고, 일본인들의 독차지가 됐어요. 일본은 쌀 생산량을 늘리기 위해 갯벌을 매립했고, 도로가 만들어질 때마다 우리 고유의 지명이 하나씩 사라졌어요.

군산은 일제 강점기에 한강 이남에서 가장 먼저 삼일 만세 운동이 일어난 곳이에요. 그 장소는 지금의 구암동이에요.
그런데 구암동도 본래 지명은 '궁멀'이었어요. 구암산을 끼고 흐르는 강줄기가 활처럼 휘어져 흐른다고 해서 '활 궁弓' 자를 붙였고, '멀'은 마을을 뜻해요.

이 외에도 지금의 영화동 부근의 '구영리', 월명공원 아래의 '내영리', 중앙로 1가의 '강변리', 신창동 부근 '거석리' 등 많은 지명이 일제 강점기에 사라졌어요. 그 대신 일본식 지명이 생겨났는데, 영화동 부근은 '욱정, 대화정', 중앙로 1가 주변은 '명치정', 신창동 부근은 '횡전정' 등으로 바뀌었어요.

강원도 강릉의 '안목' 해변은 본래 '앞목'이었어요

강릉에 있는 안목 해변은 커피 거리로 유명해요. 과거에 안목 해변은 사람이 많이 찾지 않아 대중교통이 불편한 곳이었어요. 그래서 이곳에 주로 택시가 많았고, 택시 기사님들을 위한 커피 자판기가 많았어요.

그런데 다른 곳과 차별화된 맛으로 입소문이 퍼지기 시작하면서 최대 50대까지 커피 자판기 수가 늘어났다고 해요. 이렇게 안목 해변이 자판기 커피로 유명해지면서 유명한 커피점들이 들어섰고, 강릉시에서 커피 축제까지 개최하게 되었죠. 지금은 커피 거리의 일등 스타였던 커피 자판기들이 보기 힘들 정도로 줄어들었어요.

강릉은 고구려 땅일 때는 '하서랑' 또는 '하슬라'라고 불렸고, 신라 땅일 때는 '명주'라고 했어요.

'강릉'이란 지명이 처음 등장하는 것은 고려 때로, '강릉부'로 불렸어요. 그 후 군, 읍, 면으로 행정 단위는 계속 바뀌었지만, '강릉'이란 지명은 그대로 유지됐어요.

그렇다고 해서 강릉 안에 있는 다른 지명들도 그대로 유지된 건 아니에요. 커피 거리로 유명한 '안목'의 원래 지명은 송정 마을 앞쪽 길목이라는 뜻으로 '앞목'이었어요. 그런데 일제 강점기에 일본인들이 발음하기 어렵다며 '안목'으로 바꿨다고 해요.

 일본인들에 의해 바뀐 지명 중 한글은 같은데 한자가 전혀 다른 뜻으로 바뀐 곳도 있어요.
 강릉의 '어단리'는 본래 임금을 위한 제단이란 의미의 '단壇'을 지명으로 썼는데, '붉은 단丹'으로 한자 표기를 바꿔 버렸어요.

일제 강점기에 일제가 마음대로 우리 지명을 바꾼 것을 '창지개명'이라고 해요. 그런데 지명이 바뀐 역사는 일제 강점기뿐 아니라 우리 땅 안에서도 시대마다 있었고, 아프리카와 아시아를 식민지로 했던 유럽의 역사에도 많아요. 그리고 지역마다 바뀐 지명을 그대로 두고 사는 사람들도 있고, 과거의 지명을 되찾기 위해 노력하는 사람들도 있어요.

4장

다른 시대, 다른 나라 사라진 지명들

신라 시대에 사라진 백제어 지명

역사를 살펴보면, 전쟁에서 이긴 나라가 패배한 나라의 점령지를 지배할 때, 기존의 흔적을 지우고 자신들의 역사를 남기려는 시도가 늘 있었어요.

예를 들면, 신라가 당나라와 손을 잡고 고구려와 백제를 무너뜨렸을 때, 어떤 일이 있었을까요? 신라의 영토가 된 백제 땅에서 백제어는 어떻게 됐을까요?

신라는 백제에 관리들을 파견하고, 영원히 신라 땅으로 지배하기 위해 백제어를 포함해 백제 문화를 지우고, 신라어와 신라 문화를 널리 퍼트렸을 거예요. 그 과정에서 백제어로 된 지명이 신라나 중국 당나라식 지명으로 많이 바뀌었어요. 예를 들어, 충청남도에서 '고량부리'라고 불리던 백제어 지명은 757년 신라 경덕왕(?~765) 때 한자식으로 고치면서 '청무현'으로 바뀌었고, 고려 초기부터 '청양'으로 불렸어요.

신라 시대에는 고량부리처럼 '소부리, 고사부리' 등의 순우리말 지명이 한자 지명으로 바뀌었어요. 그런데 많은 지명이 중국에도 있는 지명이었어요. 지금도 중국 지도를 들여다보면 '청도, 광주, 해주' 등 우리나라와 같은 지명을 꽤 찾아볼 수 있죠.

그래서 백제가 중국에 존재했다는 믿기 힘든 주장을 하는 경우도 있고, 신라가 중국을 따르고자 중국 지명을 갖다 붙였다고 주장하는 사람도 있어요.

백제어를 연구하는 전문가들에 따르면, 백제어의 원형을 찾으려면 일본어를 연구해야 한다고 해요. 과거 백제인들이 일본으로 많이 건너가 문화와 언어를 전해 줬기 때문에 그곳에 남아 있다는 거예요. 예를 들어, 숫자 3을 나타내는 백제어 '밀密', 5를 나타내는 '우츠于次' 등이 우리말에는 사라졌지만, 일본어로는 '미츠, 우츠'로 그 흔적이 남아 있다고 해요.

조선 시대에 바뀐 지명 '인천'

조선은 고려가 무너지고 생겨난 나라예요. 조선 역시 새 나라를 세우고 새로운 지명으로 전국을 바꿨어요. '인천'이라는 지명도 조선 시대에 생겨났어요. '인천'의 '인'은 '어질 인仁', '천'은 '내 천川' 자예요. 그러니까 '인천'은 어진 천이란 뜻인데, 뭘 말하는지 이해가 잘 안 되죠?

삼국 시대에 인천 지역은 '미추홀' 또는 '매소홀'로 불렸어요. 백제 건국 설화를 보면, 주몽의 아들 비류가 미추홀이라는 나라를 세웠는데, 그 위치가 지금의 인천 지역(문학산 주변)이라고 해요.

고구려 장수왕(394~491)이 백제 한강 유역을 점령

하면서 미추홀은 '매소홀'로 불리게 되었어요. '미'와 '매'는 물을 뜻하는 옛말이었을 거라고 추측하고 있어요. 인천 바다인 서해안의 물때를 셀 때, 인천에서는 한 매, 두 매라고 불렀어요. 또 고구려 말로 '홀'은 성城, 고을을 뜻해, 바닷가에 있는 성이나 마을이란 뜻에서 지어진 것으로도 해석돼요.

신라 때 지명을 한자식으로 바꾸면서 매소홀은 '소성현'이 됐어요. 고려 때는 경원부(지금의 광역시)로 승격돼 불렸는데, 이때 '인주'라고도 했어요. 고려 때 이 도시의 위상이 높아진 이유는 인주 이씨 가문에서 5명의 태후와 5명의 왕후가 나왔기 때문이에요. 고려 때는 지방 호족의 힘이 매우 세서 지방 호족이나 왕실과 관련이 큰 지역일수록 그 도시의 위상이 높았어요. 하지만 고려가 망하자, 경원부는 인주군으로 강등돼 격이 낮아졌어요.

조선 시대에 '주州' 자를 가진 군현 50여 곳의 지명이 '산山' 또는 '천川'으로 바뀌었는데, 이때 '인주'가 '인천'이 됐어요. 한편, 조선 세조(1417~1468) 때 인천군은 인천 도호부로 다시 등급이 높아졌고, 지금은 인천광역시로 우리나라를 대표하는 대도시가 됐어요. 그러니까 인천의 지명은 한자 풀이인 '어진 천'이라는 말과는 전혀 상관이 없죠!

🚶 지명에 담긴 영국의 흔적을 지우는 인도

지명이 바뀐 사례는 전 세계 거의 모든 나라에 있어요. 인도 역시 지명을 바꾸는 바람이 불고 있어요.

인도는 과거 영국의 지배를 받다 독립한 나라예요. 하지만 종교가 다르다는 이유로 파키스탄, 인도, 방글라데시, 스리랑카로 쪼개져 있어요. 예를 들어, 이슬람교를 믿는 사람들이 많은 인도 북서부의 펀자브 지역 사람들은 힌두교를 주로 믿는 인도인들과 함께 살 수 없다며 파키스탄이라는 나라로 분리 독립했어요.

'파키스탄'이란 지명은 인더스강 유역 5개 지역인 펀자브Punjab, 아프간Afghan, 카슈미르Kashmir, 신드Sindh, 발루치스탄Baluchistan에서 글자를 따와 'PAKSTAN'을 만들고, 발음하기 쉽도록 중간에 'I'를 추가한 거예요.

영국에서 독립한 인도는 국명을 정할 때, 힌두교 신자들이 쓰는 산스크리트어 국명 '바라트'나 '힌두스탄'으로 하자는 주장이 강했어요. 하지만 결국 수천 년간 이어 온 '인도'를 선택했어요.

'바라트'로 국명을 변경하자는 이유는 '인도'가 식민지 때의 국명이기 때문이기도 하지만, 사실 인도의 어원이 된 인더스 강이 인도가 아닌 파키스탄 영토에 있어서예요. 그래서 지금도 국명을 '바라트'로 바꾸자는 주장이 끊이지 않아요.

2000년대 들어 인도에서는 과거 오랫동안 이어진 식민 지배의 역사를 지우기 위해 영국식 지명을 바꾸는 바람이 불었어요. 인도 최대 경제 도시인 봄베이는 '뭄바이'로 지명을 바꾸었죠. 과거 영국 식민지 당시 인도의 수도였던 캘커타는 '콜카타'로, 신흥 IT 도시인 방갈로르는 '벵갈루루'로 바뀌었어요.

• 지명 변경 작업으로 본래 지명인 '캘커타'에서 '콜카타'로 바뀐 역

특히 봄베이, 캘커타, 마드라스는 영국 동인도 회사가 설립한 도시들이라, 인도인의 자존심을 크게 상처 낸 지명이기 때문에 우선적으로 바꾸었어요.

인도의 지명 바꾸기는 영국의 식민지 역사에서 그치지 않아요. 최근 인도에서는 힌두교 정신을 강조하는 정권이 들어서면서, 지난 천 년간 인도 북부 지역을 지배했던 이슬람의 흔적을 지우려는 움직임이 나타나고 있어요.

이들 지역에서는 이슬람식 이름 때문에 자녀를 결혼시키기 어렵다는 불평까지 있을 정도로 주민들 사이에 종교적 갈등이 심하다고 해요. 인도 북서부 '아메다바드' 같은 도시는 유네스코 세계문화유산에 등재된 이슬람 유산이 있는 도시지만, 이슬람식 지명이라는 이유로 '카르나바티'로 이름을 바꾸려 하고 있어요.

하지만 이런 대대적인 지명 변경으로 인해, 지명이 들어간 학교나 항공사, 병원 등도 이름을 변경해야 하는 난감한 상황에 놓였어요. 또한 지명 자체가 브랜드화돼 관광 등으로 지역 경제에 큰 역할을 했던 도시들은 그동안 어렵게 쌓아 온 이미지를 잃게 된 부작용도 나타나고 있죠.

대통령 이름으로 불린 북미에서 가장 높은 산, 디날리

미국 알래스카주에 있는 디날리산은 높이가 약 6,000미터로, 북아메리카에서 가장 높은 산이에요. 이 산의 지명인 '디날리'는 알래스카 원주민들의 말로 '숭고함, 위대함, 높은 곳'이란 뜻을 가지고 있어요.

• 디날리 국립 공원

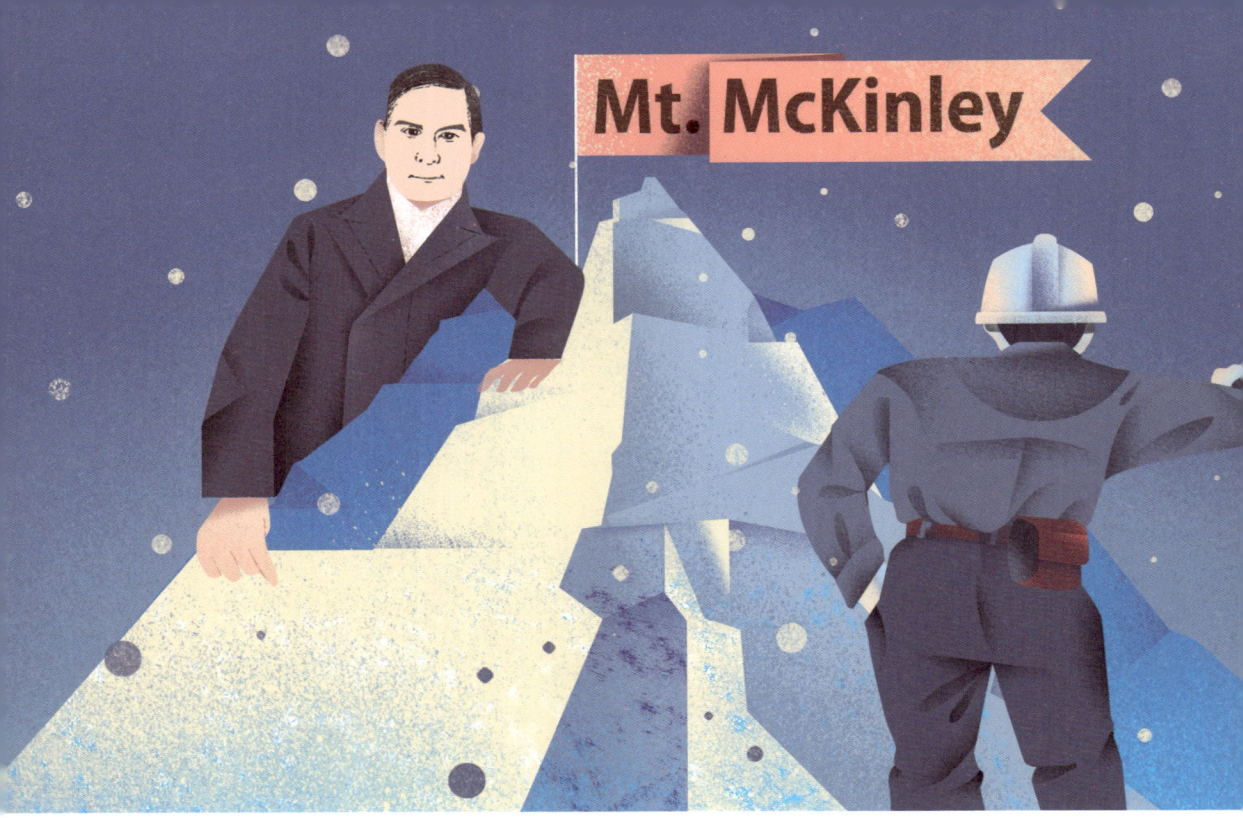

　디날리산의 지명은 여러 차례 수난을 겪었어요. 알래스카주는 19세기 링컨 대통령 시절에 미국이 러시아에 당시로서는 적은 금액인 720만 달러를 주고 사 온 땅이에요. 당시 러시아는 산업 혁명을 진행하면서 경제적으로 어려울 때라 돈이 필요했어요.

　미국 신문에서는 세계에서 가장 비싼 냉장고를 샀다며 대통령을 비웃었어요. 하지만 지금 알래스카는 석유를 포함한 지하자원이 풍부한 황금의 땅이죠.

디날리는 러시아 땅일 때는 '볼샤야 고라'로 불렸고, 미국 땅이 된 다음인 1880년대엔 유럽인 중 최초로 이 산을 찾은 프랑크 덴스모어의 이름을 따서 '덴스모어'로 불렸어요. 그러다가 알래스카 산맥에서 금을 찾던 금광업자가 자신이 좋아한 당시 공화당 대통령 후보, 윌리엄 매킨리 이름을 따 '매킨리'로 불렸대요.
　매킨리가 미국 제25대 대통령에 당선되고, 1917년에 매킨리산이 국립 공원으로 지정되면서 '매킨리'는 공식 명칭으로 정해졌어요. 그런데 매킨리는 자신이 대통령으로 있었던 동안에도 알래스카를 간 적이 없다고 해요.

　60년 가까이 시간이 지난 1975년에 알래스카 원주민들을 중심으로 매킨리산의 지명을 본래 이름인 '디날리'로 바꾸기 위한 노력이 시작됐어요. 하지만 매킨리 대통령의 고향인 오하이오주 의원들의 반발로 바꾸지 못하고, 국립 공원 지명만 '디날리 국립 공원'으로 바꾸는 데 성공하죠.
　그러다가 2015년에 오바마 대통령이 오랫동안 연방 정부에 불만을 품고 있던 알래스카 원주민들과 관계를 개선하기 위해 그들의 염원인 '디날리'로 지명을 변경하면서 백여 년 만에 이름을 되찾을 수 있었어요.

우크라이나의 '키예프'는 본래 '키이우'였어요

키이우는 우크라이나 수도예요. 이 지명은 키이우를 세웠다고 전해지는 신화 속 인물, 키이에서 온 우크라이나어예요. '키이의 소유'라는 의미라고 해요.

'키이우'의 영어명이 러시아어 발음을 그대로 옮긴 '키예프'이다 보니, 대부분의 나라들에서 '키예프'로 불려요.

1991년에 세계 최초 공산주의 국가인 소련이 붕괴하면서 러시아와 14개의 국가가 독립하게 됐는데, 우크라이나도 그중 하나였어요. 그리고 우크라이나 정부는 러시아어 지명 표기를 버리고, 본래 지명을 찾아가기 시작했어요.

2018년부터는 우크라이나 외무부에서 "키이우는 키예프가 아닙니다."라는 표기 정정 캠페인을 시작했죠. 하지만 우리나라만 해도 '키예프'라는 지명을 그대로 썼어요.

2022년, 러시아와 우크라이나 사이에 전쟁이 시작됐을 때, 처음에는 텔레비전 뉴스에서도 "러시아 공군기가 키예프를 공격

했다."라고 나왔어요. 그러나 며칠 후부터 텔레비전에서도 '키예프'란 지명이 사라지고, '키이우'라고 고쳐 부르기 시작했어요. 약자인 우크라이나 입장에 동조하는 분위기가 만들어지면서 우리나라에서도 '키이우'란 지명을 본격적으로 쓰기 시작한 거죠.

그리고 이와 함께 키이우의 자랑인 드네프로강도 우크라이나어인 '드니프로강'으로 바꾸어 부르기 시작했어요.

키이우는 우크라이나의 수도이자 공업의 중심지예요. 키이우는 과거에 이슬람의 영향을 받기도 했고, 폴란드나 러시아 제국, 사회주의 국가인 소련의 지배를 받은 경험도 있어요.

우크라이나를 많은 나라들이 욕심냈던 가장 큰 이유는 이곳이 세계적인 곡창 지대이기 때문이에요. 체르노젬이라는 비옥한 흑토가 있어서 과거에도 러시아 최대 곡창 지대이자 유럽의 식량 창고로 불렸어요.

검은빛 흑토는 비가 적은 지역에서 발달하는데, 우크라이나는 강수량이 250~500밀리미터 정도로 적어요. 그리고 이 흑토 지대를 지나는 강이 검은 흙을 가지고 들어가는 바다가 바로 흑해죠. 흑토 지대 중심에 있는 도시가 바로 키이우고, 그래서 키이우 사람들은 자긍심이 대단해요.

빼앗긴 우리 지명 중 되찾은 지명이 있나요?

우리나라에서는 해방 후 일제의 잔재를 지우기 위한 일들을 시작했고, 지금까지도 이어지고 있어요.

일본인들이 많이 거주하던, 근본이 되는 땅이라는 뜻의 '혼마치本町'는 이순신 장군의 시호를 따서 '충무로', '모도마치元町'는 원효 대사의 이름을 붙여 '원효로元曉路'로 바꾸었어요. 또한 중

• 1930년대 혼마치(지금의 충무로)

국인들이 많이 살았던 '고가네초黃金町'는 살수대첩의 명장, 을지문덕을 기리는 의미에서 '을지로'로 변경했어요.

경복궁이 있는 광화문 세종로는 조선 시대에 중앙 관청이 모여 있는 행정 중심지로, '육조 거리'라고 불렸어요. 그런데 일제가 '광화문통'으로, 광화문통 아래는 '태평통'으로 지명을 바꿨어요. 이중 '태평통'은 인근에 있던 중국 사신의 숙소, 태평관에서 따온 이름이었다고 해요. 해방 후 다음 해인 1946년에 '태평통'은 '태평로'로, '광화문통'은 '세종로'로 바꾸었어요.

한강 가운데 있는 '중지도'는 본래 지명인 '노들섬'으로 바꾸었어요. 노들은 '백로가 노닐던 징검다리돌'이라는 뜻이에요. 노들섬은 본래 이촌동 쪽에 붙은 모래사장이었는데, 1917년에 이촌동과 노량진을 연결하는 한강 대교를 놓고, 모래와 흙을 쌓아 섬처럼 높아졌어요. 그때 이름은 '섬 도島'가 들어간 '중지도中

之島'였지만, 완벽한 섬은 아니었어요. 1960년대만 해도 중지도는 나물을 캐는 사람들과 물놀이를 즐기는 사람들로 넘쳐났어요. 하지만 1960년대 후반, 한강 개발 계획으로 강변북로를 만들 때 중지도 주변 모래를 퍼다 쓰면서, 중지도가 완벽하게 물로 둘러싸이게 됐어요. 그리고 사람들의 발길이 자연스레 뜸해졌어요.

인천 영종도 구읍뱃터 앞에 있는 작약도는 휴양지였으나, 섬을 오가던 배가 끊긴 뒤 2013년 무인도가 됐어요.
'작약도'라는 지명은 섬 모양이 작약꽃 봉오리처럼 생겼다고 해서 붙여졌어요. 1883년에 인천항이 개항하면서 섬을 사들인 한 일본인이 붙인 이름이라고 해요. 그래서 국가지명위원회는 '작약도'를 본래의 고유 지명인 '물치도'로 바꾸었어요.
조선 후기에 만들어진 『대동여지도』, 『경기읍지』, 『인천부지도』, 일본 해군이 만든 『월미도 해협 약측도』(1876년)에도 '물치도'

라고 기록돼 있어요.

'물치도'는 서해안의 좁은 바다, 강화 해협의 거센 조류가 강하게 부딪히는 섬, 조류를 치받는 섬이란 뜻이에요. 조류는 지구와 달이 서로 당기는 힘 때문에 생기는 밀물과 썰물을 말해요.

19세기 신미양요(미국 군함이 강화도를 침공한 사건) 때, 미군은 물치도를 '우디아일랜드(목도, 나무 섬)'라고 불렀고, 병인양요(프랑스군이 강화도를 침공한 사건) 때 프랑스군은 프랑스 함대의 이름을 따서 '보아제'라고 불렀어요.

한편으로는 '작약도'라는 이름이 1896년 이전에 쓴 관인의 보고서나 미국 국무성의 문헌에도 등장하기 때문에 일제의 잔재가 아니라는 주장도 있어요.

부산의 '고원견산高遠見山'은 산이 높아 멀리 일본까지 바라볼 수 있다는 뜻으로, 일제가 바꾼 것으로 여겨져 본래 지명인 '엄광산'으로 바꾸었어요. 으뜸으로 빛이 비치는 산이란 뜻이에요.

이처럼 일제 강점기에 만들어진 지명을 바꾸는 작업이 계속되고 있어요. 우리나라를 되찾은 지 80년이나 됐지만, 아직도 우리 땅에는 바꿔야 할 일제식 지명이 많이 남아 있어요.

지명을 되찾기 위해 어떤 노력이 필요할까요?

　지명을 변경하려 할 때 부딪히게 되는 가장 어려운 문제 중 하나는 비용과 혼란이에요. 최근 인도에서는 정치인들이 민심을 얻기 위해 대도시, 중소 도시 구분 없이 지명을 바꾸고 있는데, 여기에도 부작용이 따르고 있어요.

• 주소는 '콜카타'로 바뀌었지만, 이름은 옛 지명 그대로 '캘커타'인 인도 학교

그 한 예로, 인도는 영국 식민지 지배의 흔적을 지우기 위해 '캘커타'라는 도시명을 '콜카타'로 바꾸었어요. 그런데 '콜카타'로 바꾸고 나니, 오랫동안 '캘커타'라는 지명을 따서 지은 캘커타 초등학교, 캘커타 병원, 캘커타 우체국, 캘커타 항공 등의 이름도 바꿔야 하고, 모든 기관의 주소를 변경하고, 도로 안내판과 표지판도 모두 바꿔야 하는 상황이 된 거예요.

하지만 지금껏 사용해 온 이름을 변경하기란 쉬운 일이 아니에요. 그렇다 보니 2001년에 지명은 '콜카타'로 바뀌었는데, 지금까지 국립 대학은 '캘커타대학'이라는 이름을 유지하고 있고, 항공편 코드도 캘커타의 약자인 'CCU'를 그대로 사용하고 있어요. 게다가 '캘커타'라는 지명이 세계적으로 알려진 반면, '콜카타'는 낯선 지명이어서 관광 산업과 관련된 기업들은 지명 변경에 대해 우려를 표하기도 해요.

이런 것을 비용으로 환산하면 얼마나 들지 예상하기 쉽지 않아요. 예를 들어, 최근 인천에서 동구, 중구 등의 '구' 지명을 바꾸려고 하는데, 대상지 한 곳당 25억여 원의 예산이 투입될 것으로 예상했어요.

한때 서울시도 지명을 바꾸는 일에 적극적으로 나섰다가 물러선 적이 있는데, 이유는 재정적 부담 때문이었어요. 그러니 지명을 바꾸려면 우선 비용을 충분히 마련해야겠어요.

지명을 변경하는 과정에서 여러 사람의 의견이 충돌하고, 합의를 보는 데 지나치게 시간이 길어지거나, 주민 반대로 무산되기도 해요.

2003년에 서울시는 창경궁 옆 마을인 원남동의 지명을 바꾸려고 했어요. 일제 강점기에 일본이 창경궁을 동물원인 창경원으로 만들고, 창경원의 남쪽 마을이라는 뜻으로 '원남동'이라고 했으니 당연히 고쳐야 할 지명이 아닐까요?

하지만 우리의 예상과 달리, 정작 원남동의 주민들은 지명을 고치는 것에 반대했어요. 지명 변경에 주민 찬반 투표를 부쳤는데, 지명 변경을 찬성하는 사람들이 적어서 변경을 포기했어요. 주민들은 이미 '원남동'이라는 지명이 익숙하고, 다른 사람들에게도 혐오스럽지 않으니 꼭 바꿔야 한다는 생각이 크지 않았어요.

하지만 당시 주민들에게 원남동의 지명 유래에 대한 교육이나 홍보가 충분히 돼 있었다면 어땠을까 하는 생각이 들어요. 그러니 지명 변경을 위해서는 주민들을 설득하기 위해 홍보 활동이 참 중요하다고 생각해요.

지명은 지역 이미지에만 영향을 주는 게 아니라, 땅값이나 집값에 영향을 미치기도 해요. 서울에 '봉천동'이라는 지명이 있었는데, 관악산 자락에 있어서 하늘을 받들어 모신다는 뜻의 '봉천'이라는 지명을 썼어요.

1960년대에 봉천동은 농촌에서 온 가난한 사람들이 모여 사는 판자촌이었어요. 일명 '달동네'라 불리며 서울에서 가난한 동네 하면 떠오르는 대표적인 곳이었어요.

그런데 이곳에 아파트 단지가 들어서고, 새로운 주민들이 살게 되면서 마을 지명에 대한 불만이 터져 나오기 시작했어요. 그들은 봉천동이 원래 가지고 있던 가난한 이미지가 싫다며 지명 변경을 희망했죠.

봉천동은 작은 마을이 아니라 봉천본동에서 봉천 11동까지 있는 거대한 마을이었어요. 그래서 '봉천동'이 사라지고, '은천동, 중앙동, 낙성대동, 행운동' 등 무려 9개의 지명이 생겨났어요. 그러니 지명 변경을 위해서는 주민들에게 이익이 되는지도 잘 따져 봐야겠어요.

지명을 바꾸려면 우선 개인이나 단체에서 지명에 대한 자세한 내용을 조사해 시·군·구에 속한 지명위원회에 올려요. 그 뒤 전문가들의 심사를 받고, 최종적으로 국토교통부 국토지리위원회에서 결정해요. 그러니 지명 되찾기는 주민과 지방 정부가 앞장서야 가능한 일이에요.

이 중 가장 중요한 것은 주민들의 올바른 의식으로, 우리의 역사를 바로 세우는 것이 왜 중요한지를 알아야 해요.

그리고 이를 전달하는 언론도 중요해요. 신문사나 방송사와 같은 언론에서 대대적으로 지명 변경의 필요성을 온 국민에게

알린다면, 지명을 변경하자는 분위기가 쉽게 만들어질 수 있어요.

마지막으로, 이제는 한자보다 아름답고 훌륭한 한글이 있으니, 우리 지명을 가능한 한 고유의 우리말로 표기하면 더 좋을 것 같아요.